Perlen tauchen

Colette Grünbaum
PERLEN TAUCHEN

Lektorat: Viviane Korn
Fotos: Claudia Peyer
Gestaltung Umschlag/Innenteil: Wilfried Klei
Coverfoto: © shutterstock - Ase
Autorenfoto: © privat
Druck & Verarbeitung: Westermann Druck Zwickau

© Kamphausen Media GmbH, Bielefeld 2017
info@kamphausen.media | www.kamphausen.media

ISBN Printausgabe: 978-3-95883-132-3
ISBN E-Book: 978-3-95883-133-9

2. Auflage 2019

Bibliografische Information der Deutschen Nationalbibliothek

Die Deutsche Nationalbibliothek verzeichnet diese
Publikation in der Deutschen Nationalbibliografie;
detaillierte bibliografische Daten sind im Internet über
http://dnb.d-nb.de abrufbar.

Colette Grünbaum

Perlen tauchen

mit THE WORK of BYRON KATIE

52 Anker im Gedankenstrom

Danksagung

Mein besonderer Dank gilt Heinz Meisnitzer, dessen Enthusiasmus maßgeblich zur Entstehung dieses Buches beigetragen hat. Ihm, Margrit Hardegger und Corinne Camenzind ein großes Dankeschön für die wunderbare und bereichernde Zusammenarbeit in THE WORK und für viele inspirierende Impulse.

Ein herzlicher Dank geht auch an Hansruedi Brändli, Fay Grünbaum und Sandra Vogler, die sich freudig ins Manuskript vertieft und mir wertvolle Rückmeldungen gegeben haben.

In Liebe danke ich meiner Familie und meinem Partner, die mir Themenlieferanten für erkenntnisreiche und befreiende Untersuchungen sind und die mein Leben auf unzähligen Ebenen bereichern.

Dieses Buch gäbe es nicht ohne Byron Katie, die seit 1986 unermüdlich die Fragen und Umkehrungen von THE WORK in die Welt trägt und damit Klarheit und Frieden verbreitet. Ich danke ihr von Herzen und freue mich, mit *Perlen tauchen* dazu beizutragen.

Vorwort

Zum Ende des letzten Jahrtausends begegnete mir THE WORK von Byron Katie während einer Lebenskrise. Dies bewirkte eine Wende hin zu einem erfüllteren Leben. Seither forsche ich mit den Fragen von THE WORK nach der inneren Wahrheit, persönlich, mit Klienten und mit Kursteilnehmern. Ich freue mich, im vorliegenden Buch meine Erfahrung der vergangenen Jahre und die größten Schätze daraus mit dir zu teilen, und hoffe, dass die Übungen dich einladen, tief in dein Wesen ein- und mit deiner eigenen Weisheit wieder aufzutauchen.

Im Zusammenhang mit dieser sehr persönlichen Arbeit habe ich zur Anrede das „Du" dem förmlicheren „Sie" vorgezogen. Der Einfachheit halber habe ich außerdem an den Stellen, an denen es vielleicht zu erwarten gewesen wäre, darauf verzichtet, jedes Mal die weibliche und männliche Form zu verwenden. Selbstverständlich sind stets beide Geschlechter angesprochen.

Es ist wunderbar, die Anwendung der Fragen und Umkehrungen von THE WORK in einer Gruppe zu erfahren. Dabei wird transparent, dass alle Überzeugungen „Recycling-Material" sind, millionenfach von Menschen auf der ganzen Welt gedacht. Wir sind mit unseren Schwierigkeiten, unserem Hadern nicht alleine und werden Zeuge, wie sich mit der Beantwortung der Fragen in der Runde bedrückte Gesichter aufhellen, wie Spannung abfällt und Einsichten aufleuchten. In Einführungs- oder Intensivkursen mit THE WORK kannst du solche Erfahrungen selbst machen; diese Kurse werden im gesamten deutschsprachigen Raum angeboten und sind für manche Menschen ein geeigneter Einstieg in diese Arbeit. Das große Seminar jedoch ist der Alltag, und mit diesem Buch möchte ich dich inspirieren, THE WORK in dein Leben zu integrieren.

Perlen tauchen begleitet dich in 52 Kapiteln für ein Jahr oder länger mit THE WORK – ganz in deinem Rhythmus. Jedes Kapitel führt mit einem

Text an ein Thema heran und schließt mit einer Übung ab. Ich lade dich zur Selbstbefragung ein, zu Beobachtungen im Alltag und zu meditativen Aufgaben. Die im Buch präsentierten Übungen können alleine gemacht werden, die meisten auch gemeinsam mit einem Übungspartner, einer Übungspartnerin oder in Gruppen. Fällt es dir schwer, dich selbst zu motivieren, so kannst du vielleicht jemanden finden, mit dem du in den Übungen gemeinsam auf Forschungsreise gehst. Verwendest du THE WORK in deinem Beruf, so kann dir das Buch auch als Quelle von Übungen zu den unterschiedlichsten Themen dienen.

Nach der Einführung in die Grundlagen der Arbeit mit THE WORK sind die ersten beiden Sequenzen deren Vertiefung gewidmet. Darauf folgen Kapitel zu weit verbreiteten Herausforderungen des Lebens. Beim einen oder anderen denkst du vielleicht, dass dir das angesprochene Thema nichts zu sagen hat. Es kann aber sein, dass genau dort überraschende Entdeckungen auf dich warten. Gibst du dir eine zweite Chance hinzuschauen? Nimm dir andererseits die Freiheit, etwas zu überspringen, das für dich nicht passend ist, um stattdessen ein brennendes, aktuelles Thema aufzugreifen, das dich gerade drückt. An anderer Stelle macht es vielleicht Sinn, dir mehr Zeit zum Untersuchen zu lassen.

Bitte bewahre deine Arbeitsblätter und Notizen auf; sie können dir im Verlauf der weiteren Kapitel wieder nützlich sein.

Nun wünsche ich dir viel Freude mit *Perlen tauchen*!

Einführung

In deinem Inneren liegt ein Schatz: deine Weisheit – deine ganz persönliche Wahrheit. THE WORK ist ein wunderbarer Weg und eine großartige Inspiration, um in die Tiefe des eigenen Wesens einzutauchen und diesen inneren Schatz zu heben. Das vorliegende Buch enthält 52 Anker, die dich einladen, innezuhalten und THE WORK in dein Leben zu integrieren. Bei dieser Methode der Selbstbefragung gilt es, belastende Gedanken zu erkennen und danach deren Wirkung mit vier Fragen zu untersuchen. Bevor wir jedoch beginnen, werfen wir einen Blick zurück auf unser Leben.

Zuerst brabbelten wir, äußerten Laute und dann ein erstes verständliches Wort, und auf dieses Wort folgte ein weiteres und noch eins und noch eins. Es begann ganz unschuldig, indem wir nachahmten, was die Eltern uns vorsagten. Immer mehr Wörter reihten wir aneinander. Immer komplexer wurden unsere Wortgebilde. Und die Eltern freuten sich, ermunterten uns. Das Wort „Ich" bekam eine besondere Bedeutung. „Ich." – „Ich bin." – „Ich bin ein Mädchen." – „Ich bin ein Mädchen, das ..." So bildete sich im Lauf der Jahre unsere Identität. Wir entwickelten Vorlieben und Abneigungen, und wir begannen, das Leben auf unsere ganz persönliche Weise zu interpretieren.

Worte erleichtern uns die Kommunikation, doch gleichzeitig verschleiern sie auch. Sie vermögen stets nur auf etwas hinzuweisen, sind aber nie das, worauf sie hinweisen. Der Schleier zwischen uns und der Wirklichkeit entsteht, indem wir Wörtern und Sätzen eine spezifische Bedeutung beimessen, die sich zwischen uns und die Wirklichkeit stellt. Mit Interpretationen und Überzeugungen bauen wir ein Netz um uns herum, das zu unserer eingeschränkten Welt wird. Wir sehen die Welt nicht mehr so, wie sie ist, sondern durch den Filter unserer Gedanken.

Leiden wir unter belastenden Beziehungen oder widrigen Lebensumstän-
den, ist das ein guter Moment, um unsere Gedanken unter die Lupe zu
nehmen und sie mit den Fragen von THE WORK zu untersuchen.

Die Magie des Fragens

Schon Sokrates, ein wichtiger Philosoph der griechischen Antike, wusste,
dass letztlich jeder über sich selbst am besten Bescheid weiß, dass es
aber zuweilen einer „Hebamme" bedarf, die mit Fragen hilft, dieses Wissen zu gebären. Zwischen Sokrates und Byron Katie hat es etliche Menschen gegeben, die in der Kunst des Fragenstellens brillierten. Besonders
erwähnenswert sind hier Pioniere der Familientherapie wie Virginia Satir
und andere Exponenten der Systemischen Therapie, die mit zirkulären
Fragen, Skalierungsfragen, paradoxen Fragen, Lösungs- und Ressour-
cenfragen sowie der berühmten Wunderfrage bei ihren Klienten viel in
Bewegung gebracht haben.

Fragen sind in zahlreichen Therapieformen sowie in unterschiedlichen
spirituellen Schulungen zentral. Wer sich mit der Kunst des Fragens aus-
einandersetzt und mit Byron Katies Fragen arbeitet, wird fasziniert sein
von der raffinierten Abfolge dieser Fragen. Sie sind einerseits hilfreich im
Umgang mit alltäglichen Schwierigkeiten und können uns andererseits
einen Geschmack der absoluten Freiheit vermitteln. Die Erfahrung mit
der Anwendung von THE WORK bei sich selbst und bei anderen Menschen lässt immer wieder über die klärende und befreiende Wirkung
dieser Fragen staunen.

Die Fragen von THE WORK sind:

1. **Ist das wahr?** (Ja oder Nein. Bei Nein, gehe zu 3).

2. **Kannst du mit absoluter Sicherheit wissen, dass das wahr ist?**

3. **Wie reagierst du, was passiert, wenn du diesen Gedanken glaubst?**

4. **Wer wärst du ohne diesen Gedanken?**

Im Anschluss an die Fragen folgt die Umkehrung des stressvollen Gedankens.

Die Kraft deiner Antworten

THE WORK ist weder eine Therapie noch eine Religion. Es ist auch keine mentale Gymnastik. Die Untersuchung ist ein Übungsweg, eine Form der meditativen Selbsterforschung, deren Kraft sich durch die Antworten entfaltet, die wir auf die vier Fragen finden. Wir gehen an diesem Geschenk vorüber, wenn wir sie nicht oder nicht ehrlich beantworten. Wenn wir uns rechtfertigen und recht haben wollen, werden wir mit THE WORK keinen Frieden finden. Im Rechthaben ist unser Verstand Meister. Er findet leicht Beweise für das, was er glaubt. Doch hat uns dies jemals wirklich geholfen?

THE WORK entfaltet seine Wirkung auch nicht, wenn bei der Beantwortung der Fragen nicht die Liebe zur Wahrheit im Vordergrund steht. Versuchen wir mit der Untersuchung ein bestimmtes Resultat zu erwirken, zum Beispiel einen anderen Menschen zu verändern, ein Suchtverhalten oder ein Schuldgefühl loszuwerden, so sind die Antworten durch dieses Motiv beeinflusst und nicht mehr jene Wahrheit, die in uns aufsteigt und erfahrbar wird, wenn wir ohne Erwartung – ohne zu wissen – in den Prozess des Fragens eintauchen.

Vorsicht! Wer sich auf THE WORK einlässt, riskiert, sich selbst zu verändern und der zu werden, der er wirklich ist!

Die Quelle – Byron Katie

Byron Katie, Amerikanerin, Mutter von drei erwachsenen Kindern, war eine erfolgreiche Geschäftsfrau. Ihrer Umgebung erschien sie wie die Verkörperung des American Dream: schön, reich, angesehen und glücklich verheiratet. Doch nach und nach zerbrach dieses Image, da sie zunehmend unter Depressionen, Alkoholismus, Essucht, Nikotin- und Medikamentenabhängigkeit litt. Am tiefsten Punkt ihrer Lebenskrise angelangt, lebte Byron Katie einige Zeit in einem Heim für Frauen mit Essstörungen.

Im Alter von 43 Jahren, im Februar 1986, erwachte sie im Dachzimmer dieses Heims in einem völlig veränderten Bewusstseinszustand. Wie sie selbst sagt, erwachte sie zur Realität:

„Ich erkannte, dass ich leide, wenn ich meine Gedanken glaube, und dass ich nicht leide, wenn ich sie nicht glaube – und dass dies auf jeden Menschen zutrifft. So einfach ist Freiheit. Ich habe entdeckt, dass Leiden freiwillig ist. Ich habe eine Freude in mir gefunden, die nie mehr verschwunden ist, für keinen Moment. Diese Freude ist in uns allen – immer."

Bald sprach sich herum, dass in Barstow, Kalifornien, USA, eine weise Frau lebe. Die Menschen pilgerten zu ihr und begannen sie einzuladen. Byron Katie vermittelte ihnen „THE WORK", wie sie den oben beschriebenen Frageprozess nannte, der an jenem Februarmorgen in ihr erwacht war. Sie wurde in immer mehr Länder weltweit eingeladen, und die Hörerschaft wuchs. Inzwischen haben Millionen von Menschen in Live-Veranstaltungen, über Bücher, CDs, Youtube und andere Medien erfahren, wie man mit „THE WORK of Byron Katie" das Geschenk innerer Klarheit finden und bewahren kann.

Byron Katie lebt mit ihrem Ehemann, Stephen Mitchell, in Ojai, Kalifornien.

> »Während du deine Identität verlierst,
> entdeckst du dich selbst.«

Byron Katie

Grundlagen von THE WORK

Die folgende Beschreibung, wie du THE WORK anwenden kannst, ist sehr detailliert. Sie enthält die Grundlagen der Arbeit, aufgezeigt an einem konkreten Beispiel. Wenn du damit schon vertraut bist, kannst du diesen Abschnitt überspringen und gleich mit dem ersten Kapitel in Sequenz 1 beginnen. Erlebst du im Prozess jedoch irgendwo Unsicherheit oder tauchen Fragen auf, so findest du hier vielleicht eine Antwort.

Eintauchen in die Welt der Gedanken –
Das Arbeitsblatt ausfüllen

Der Prozess beginnt damit, dass wir Gedanken und Überzeugungen, die uns Schmerz oder Leiden verursachen, wahrnehmen und aufschreiben. So können wir unser Denken anhalten. Verschiedene Untersuchungen zeigen, dass unser Hirn durchschnittlich 60.000 Gedanken pro Tag hervorbringt. Davon sind uns die meisten nicht bewusst und lediglich 3–5 Prozent sind hilfreich oder nützlich. Der Rest ist entweder neutral, schmerzhaft oder gar destruktiv. Eine Möglichkeit, um aus diesem Strom von Gedanken jene herauszufiltern, die uns Unbehagen und Schmerzen verursachen, ist das Ausfüllen des Arbeitsblattes „Urteile über deinen Nächsten".

Worüber schreiben wir? –
Warum urteilen wir über andere?

Manchmal verhält sich ein Partner, ein Kind, ein Mitarbeiter oder ein Freund einfach nicht so, wie wir es gerne hätten. „Wenn er nur anders wäre, sich anders verhalten würde, dann wäre alles gut", denken wir und sind überzeugt, mit unserer Meinung über den anderen im Recht zu sein – wobei wir oft von Freunden noch Bestätigung erhalten. Dennoch drückt der Ärger auf die Stimmung, und wir sind frustriert.

Nehmen wir unser Denken über die betreffende Situation unter die Lupe, entdecken wir, dass letztlich nicht unsere Mitmenschen uns das Leben erschweren, sondern dass uns unser Denken über sie Probleme bereitet. In der Anwendung von THE WORK können wir immer wieder erfahren, dass Verhaltensweisen, die uns bei anderen stören, etwas mit uns selbst zu tun haben. Wenn wir unsere Urteile ungeschminkt zu Papier bringen und bearbeiten, werden bei der Untersuchung innere Zusammenhänge sichtbar, die uns bisher nicht bewusst waren oder die wir vor uns selbst verborgen hielten. Mit THE WORK kommen wir über unser Unbehagen in einen tieferen Kontakt mit uns selbst.

Das Arbeitsblatt „Urteile über deinen Nächsten" kannst du kostenlos herunterladen unter www.thework.com/deutsch oder **www.gruenbaum.ch**. Du findest es auch innen auf den Umschlagseiten des Buches.

Finde zunächst eine Situation, in der du Stress, Ärger, Wut oder Frustration erlebst oder erlebt hast. Es kann gerade eben passiert sein, weit zurückliegen oder sogar in die Kindheit führen. Fülle nun das Arbeitsblatt aus. Dafür ist es notwendig, dir Zeit zu nehmen, still zu werden, nach innen zu lauschen und dich für die Gedanken, die auftauchen, zu öffnen. Folge den einfachen Anweisungen und Fragen auf dem Arbeitsblatt und schreibe dort deine Gedanken und Urteile über deinen Nächsten nieder. Du kannst auch über Personen urteilen, die nicht mehr am Leben sind, oder über Organisationen, über Gott, das Leben, die Welt, deinen Körper und abstrakte Dinge wie Geld oder Liebe. Sei dabei nicht spirituell oder weise. Das Arbeitsblatt lädt dazu ein, kleinlich und verurteilend zu sein und den Gedanken auf dem Papier freien Lauf zu lassen.

Das Arbeitsblatt „Urteile über deinen Nächsten"

Es kann hilfreich sein, in wenigen Sätzen eine kurze Beschreibung der Situation zu verfassen, in der Zeit und Ort des Geschehens abgebildet werden. Hier ein Beispiel aus dem Leben meines Freundes Heinz:

„Anyma, meine frühere Frau, ist an Krebs erkrankt. Wir sitzen mit Freunden auf dem Balkon unserer Wohnung. Es ist früher Nachmittag und das Ganze ist mehr als fünf Jahre her. Anyma sagt zu unseren Freunden: ,Heinz ist nie für mich da.'"

1. **In dieser Situation, zu dieser Zeit und an diesem Ort: Wer ärgert, verwirrt oder enttäuscht dich und warum?**

   Ich bin enttäuscht über Anyma, weil sie mich nicht respektiert.

2. **In dieser Situation: Wie willst du, dass er/sie sich ändert? Was willst du, dass er/sie tut?**

   Ich will, dass Anyma aufhört, mich vor unseren Freunden zu kritisieren. Ich will, dass Anyma ihre feindselige Einstellung mir gegenüber ändert. Ich will, dass sie aus ihrem Albtraum über mich aufwacht.

3. **In dieser Situation: Welchen Rat kannst du ihm/ihr anbieten?**

   Anyma sollte sehen, dass ich immer für sie da bin. Anyma sollte sich daran erinnern, dass ich Nacht für Nacht an ihrer Seite bin. Sie sollte sich mit der Liebe in ihrem Herzen verbinden.

4. **Damit du in dieser Situation glücklich sein kannst: Was brauchst du, dass er/sie denkt, sagt, fühlt oder tut?**

   Ich brauche von Anyma, dass sie mir zulächelt. Ich brauche von Anyma, dass sie sich bedankt für alles, was ich für sie getan habe. Ich brauche von Anyma, dass sie vor allen die Wahrheit über mich sagt.

5. **Was denkst du über ihn/sie in dieser Situation?**

Anyma ist hart, herzlos, blind, verurteilend, gemein, unfair, verwirrt, selbstbezogen.

6. **Was ist es in dieser Situation, das du nie wieder erleben willst?**

Ich will nie wieder erleben, dass Anyma mich vor unseren Freunden abkanzelt. Ich will nie wieder erleben, dass sie mich in einem schlechten Licht darstellt.

Die Untersuchung – Meditative Selbsterforschung

Nach dem Niederschreiben der stressigen Gedanken folgt im nächsten Schritt die Untersuchung einzelner Überzeugungen mit den vier Fragen von THE WORK und den Umkehrungen. Konkret sieht dies wie folgt aus:

Punkt 1 des Arbeitsblattes „Urteile über deinen Nächsten":

Untersuchen wir mit den vier Fragen und den Umkehrungen einen Satz aus Punkt 1 des Arbeitsblattes, so lassen wir das Gefühl weg und nehmen nur den Satz an sich.

Aus: Ich bin enttäuscht über Anyma, weil sie mich nicht respektiert.
wird: Anyma respektiert mich nicht.

FRAGE 1: *Anyma respektiert mich nicht.* **Ist das wahr?**

Bei den Fragen 1 und 2 antworten wir mit einem einfachen Ja oder Nein, ohne es zu rechtfertigen oder zu erklären. Dabei ist ein Ja immer genauso gut wie ein Nein. Es geht um die eigene Wahrheit in dieser Situation. Lautet die Antwort bei der ersten Frage Nein, gehen wir direkt weiter zu Frage 3.

Meine Antwort: Ja

FRAGE 2: *Anyma respektiert mich nicht.* **Kannst du mit absoluter Sicherheit wissen, dass das wahr ist?**

Haben wir bei der Frage 1 ein Ja gefunden, bietet die Frage 2 die Möglichkeit, nochmals tiefer in die Situation zu schauen. THE WORK ist eine Meditation. Wir werden still und lassen uns Zeit. Wir lassen die Frage in uns hineinfallen wie in einen tiefen Brunnen. Und dann warten wir auf die Antwort, die aus der Tiefe nach oben steigt.

Meine Antwort: Ja

FRAGE 3: *Anyma respektiert mich nicht.* **Wie reagierst du, was passiert, wenn du diesen Gedanken glaubst?**

Bei dieser Frage erforschen wir unsere Reaktion auf diesen Gedanken. Wir entdecken die Auswirkungen, die der Glaubenssatz auf unsere Gefühle, unsere körperliche Befindlichkeit und auf unseren Umgang mit den anderen und uns selbst hat. Der Zusammenhang von denken, fühlen und handeln wird sichtbar. Auch hier geht es darum, ehrlich mit sich selbst zu sein, auch wenn es manchmal schmerzhaft ist, sich unzensiert anzuschauen. Vielleicht entdecken wir Dinge, die wir über Jahre oder Jahrzehnte vor uns selbst versteckt haben. Diese Kontemplation ist ein direkter Weg zur Selbsterkenntnis.

Meine Antwort: In dieser Situation werde ich wütend, bin enttäuscht und traurig. Ich spüre, wie sich mein Körper anspannt. Ganz plötzlich, als hälle mich ein Faustschlag getroffen. Mein Bauch ist hart, die Brust eng und ich atme gepresst und schwer. Dabei versuche ich noch, mir nichts anmerken zu lassen. Innerlich wende ich mich von ihr ab, trenne mich, verurteile sie. Ich rufe mir Situationen ins Gedächtnis, die beweisen, wie schrecklich ungerecht, respektlos und unfair sie ist. Ich ignoriere sie von da an und verurteile mich dann selbst, fühle mich schuldig. Ich kann mich selbst nicht leiden. Ich sehe mich als Opfer ihrer Respektlosigkeit. Ich verlasse den Balkon wütend und wortlos.

FRAGE 4: *Anyma respektiert mich nicht.* **Wer oder was wärst du ohne diesen Gedanken?**

Hier sehe ich mich auf dem Balkon, höre, was Anyma sagt, und stelle mir die Frage, wer oder was ich ohne den Gedanken „Anyma respektiert mich nicht" wäre. Ich lasse die Frage ganz in meinem Herzen ankommen und warte, bis ich einen Blick hinter den Schleier dieses Gedankens erhaschen kann. Es ist nicht der Verstand, der antwortet. Ich muss nichts dafür tun. Wenn ich still nach innen schaue, kommen die Antworten von alleine.

Meine Antwort: Ich wäre ruhig, wäre offen, ihre Worte zu hören. Ich würde sie anschauen. Ich sehe den Schmerz in ihrem Gesicht und die Angst. Sie hat Krebs und kämpft. Ich sehe klar, dass das, was sie sagt, nichts mit mir zu tun hat. Ich kann die Situation so annehmen, wie sie ist, ohne darauf zu reagieren. Ich bin frei. Mein Herz öffnet sich, und ich spüre, wie mich eine Welle von Liebe und Mitgefühl durchfließt. Ich kann sehen und mir eingestehen, wo sie mit ihrer Aussage recht hat. Ich fühle mich mit ihr und mit mir verbunden, tief verbunden.

Die Umkehrung – Neue Sichtweisen und Perspektiven

Nachdem wir einen Gedanken mit den vier Fragen untersucht haben, kehren wir ihn um und finden jeweils mindestens drei echte, authentische Beispiele dafür, dass die Umkehrung genauso wahr ist wie der ursprüngliche Glaubenssatz. Der Verstand funktioniert so, dass er stets versucht, Beweise für das zu finden, woran er glaubt. In der Umkehrung wird er aufgefordert, Beweise für das Gegenteil dessen, was er bis dahin für wahr gehalten hat, zu finden. Das ist manchmal eine Herausforderung. Diese Methode fordert uns auf, die Scheuklappen abzulegen, mit denen wir bis dahin durch die Welt gegangen sind, und unsere Sicht zu erweitern.

Ein Weg zu dieser Öffnung ist, die Umkehrung in uns hineinsinken zu lassen und ihr nachzuspüren. Wenn wir in der Umkehrung verweilen und sie in uns nachklingen lassen, zeigen sich konkrete Beispiele dafür oft von alleine.

Es gibt grundsätzlich folgende Wege, einen Gedanken umzukehren:

Der Ausgangssatz lautet: **Anyma respektiert mich nicht.**

1. *Die Umkehrung zu mir selbst:* **Ich respektiere mich nicht.**
2. *Die Umkehrung zum anderen:* **Ich respektiere Anyma nicht.**
3. *Die Umkehrung ins Gegenteil:* **Anyma respektiert mich.**

Ich respektiere mich nicht.

BEISPIELE: In dieser Situation bin ich respektlos mir selbst gegenüber, indem ich mir die Schuld dafür gebe, dass sie so über mich spricht. Ich respektiere mich nicht, indem ich ihre Worte als gegen mich gerichtet bewerte und mich mit ihren Worten kränke, mich als Opfer ihrer Worte sehe. Ich respektiere mich nicht, indem ich zu ihren Worten schweige. Ich könnte auch fragen, weshalb sie denkt, dass ich nie für sie da sei, und dadurch etwas über mich und sie lernen.

Ich respektiere Anyma nicht.

BEISPIELE: In dieser Situation stehe ich auf und verlasse wortlos den Balkon, ohne sie eines Blickes zu würdigen. Ich respektiere sie nicht, indem ich nur an mich selbst denke und außer Acht lasse, was sie gerade in ihrer Erkrankung durchmacht. Ich bin respektlos in meinen Gedanken, indem ich sie als hart und herzlos verurteile. Ich blicke auf sie hinunter.

Anyma respektiert mich.

BEISPIELE: Sie hat mich nicht angegriffen, sie hat lediglich ihre Sichtweise dargelegt. Sie respektiert mich, indem sie mir über ihre Worte ihren Schmerz und ihre Verwundbarkeit offenbart.
Sie respektiert mich als jemanden, dem sie jede Wahrheit zumuten kann. Sie respektiert mich, indem sie keine weiteren Details über meine Verfehlungen in unserer Ehe in Anwesenheit unserer Freunde preisgibt.

Die Umkehrung von zweiteiligen Sätzen

Wenn wir nicht mit dem Arbeitsblatt, sondern mit Listen von Sätzen arbeiten, kommt es vor, dass die Sätze zweiteilig sind. Dann können wir unsere Überzeugungen wie folgt umkehren:

Ausgangssatz: *Wenn ich ihm die Wahrheit sage, verlässt er mich.*

Umkehrung ins Gegenteil: **Wenn ich ihm nicht die Wahrheit sage, verlässt er mich.**

Oder: **Wenn ich ihm die Wahrheit sage, verlässt er mich nicht.**

Es wird jeweils nur ein Satzteil ins Gegenteil umgekehrt.

Weitere Varianten von Umkehrungen:

Wenn ich mir nicht die Wahrheit sage, verlasse ich mich.

Wenn ich ihm nicht die Wahrheit sage, verlasse ich ihn (innerlich).

Das Arbeitsblatt weiter bearbeiten

Ab Punkt 2 des Arbeitsblattes „Urteile über deinen Nächsten" werden die Sätze genauso, wie wir sie aufgeschrieben haben, untersucht, also: *Ich will, dass Anyma aufhört, mich vor unseren Freunden zu kritisieren.* **Ist das wahr?** Nach der Antwort folgen die nächsten drei Fragen und die Umkehrungen. Dies tun wir mit allen „Ich will"-Sätzen.

Bei Punkt 3 des Arbeitsblattes verfahren wir ebenso: *Anyma sollte sehen, dass ich immer für sie da bin.* **Ist das wahr?** Nach der Antwort folgen die nächsten drei Fragen und die Umkehrungen. Auf diese Weise untersuchen wir auch die anderen Sätze unter Punkt 3.

Bei Punkt 4 des Arbeitsblattes gehen wir folgendermaßen vor: *Ich brauche von Anyma, dass sie mir zulächelt.* **Ist das wahr?** Nach der Antwort auf die erste Frage folgen die nächsten drei Fragen und die Umkehrungen. Dies tun wir auch mit allen anderen „Ich brauche"-Sätzen.

Es macht Sinn, jeden einzelnen Satz aus dem Arbeitsblatt der Untersuchung zu unterziehen. Ist die Zeit für die Untersuchung beschränkt, wählen wir je einen Satz aus Punkt 1, 2, 3 und 4.

Bei Punkt 5 des Arbeitsblattes können wir jeden einzelnen Satz mit den vier Fragen untersuchen: *Anyma ist hart.* **Ist das wahr? Kannst du mit absoluter Sicherheit wissen, dass das wahr ist?** ... Und dann: *Anyma ist herzlos.* **Ist das wahr?** etc.

Wurden vorher mehrere Sätze von Punkt 1–4 untersucht, erscheinen manche Eigenschaften, die wir der anderen Person zugeschrieben haben, als so unwahr, dass wir direkt in die Umkehrung gehen können. Jede Eigenschaft, die wir der anderen Person zugeschrieben haben, kehren wir nun so um, dass sie auf uns selbst zutrifft, und geben je drei konkrete, echte Beispiele dafür.

Punkt 5, Variante a: *Anyma ist hart, herzlos, blind, verurteilend, gemein, unfair, verwirrt, selbstbezogen, respektlos.*

Umkehrung zu mir selbst: Ich bin hart, herzlos, blind, verurteilend, gemein, unfair, verwirrt, selbstbezogen, respektlos.

BEISPIELE: *Ich bin herzlos. Ich rechne innerlich alles auf, was sie mir angetan hat, und lasse kein gutes Haar an ihr. Ich bin herzlos, indem ich mein Herz ihrem Schmerz gegenüber verschließe.*
Ich bin herzlos zu ihr, da ich mich von keinem ihrer Worte berühren lasse.

BEISPIELE: *Ich bin verwirrt, indem ich nicht erkenne, dass ihre Worte nichts mit mir zu tun haben. Ich bin verwirrt, indem ich nicht erkenne, dass sie leidet und ihre Aussage aus diesem Leiden kommt. Ich bin verwirrt, weil ich ihre Worte als gegen mich gerichtet interpretiere.*

So können wir zu jedem einzelnen Urteil drei eigene Beispiele finden.

Punkt 5, Variante b: In einem weiteren Schritt können wir die Eigenschaften auch ins Gegenteil umkehren und je drei Beispiele dafür geben:
Anyma ist hart, herzlos, blind, verurteilend, gemein, unfair, verwirrt, selbstbezogen, respektlos.

Umkehrung ins Gegenteil: *Anyma ist weich, nicht herzlos, sehend, freundlich, fair, klar, selbstlos, respektvoll.*

BEISPIELE: *Anyma ist herzlos – sie ist nicht herzlos. Sie zeigt ihren Schmerz, ihre Verletzlichkeit. Sie nimmt sich ein Herz, die Wahrheit auszusprechen. Sie hat ein Herz, denn wenn ich ohne meine Geschichte auf sie blicke, dann sehe ich ihr Herz, das sich hinter ihren Worten nach der Liebe zu mir sehnt.*

BEISPIELE: *Anyma ist verwirrt – sie ist klar. Sie ist klar in ihrem Erleben, dass ich nicht so wie früher für sie da bin, da ich mich vor Monaten von ihr getrennt hatte. Anyma ist klar in ihrer Aussage: Heinz ist nie für mich da. Keine Schnörkel, keine Rechtfertigung. Sie ist klar, indem sie ihr Empfinden über meine Abwesenheit während meiner körperlichen Anwesenheit zum Ausdruck bringt.*

Punkt 6 des Arbeitsblattes „Urteile über deinen Nächsten":

Der Satz wird hier folgendermaßen umgekehrt:

Ich will nie wieder erleben, dass Anyma mich vor unseren Freunden abkanzelt.

Ich bin bereit, wieder zu erleben, dass Anyma mich vor unseren Freunden abkanzelt.

Ich freue mich darauf, wieder zu erleben, dass Anyma mich vor unseren Freunden abkanzelt.

Hier sind wir aufgefordert, in uns zu gehen und zu schauen, ob wir diese Bereitschaft wirklich in uns finden können und wofür es denn gut sein könnte, diese Situation wieder zu erleben.

Ich bin bereit, wieder zu erleben, dass Anyma mich vor unseren Freunden abkanzelt. *Ja. Es könnte sein, dass sich die Szene in meinen Gedanken wiederholt, und ich bin bereit, mehr über mich und meine Reaktionen in so einer Situation zu erfahren. Ich bin bereit, in so einer Situation zu lernen, nicht jedes Wort persönlich zu nehmen.*

Ich freue mich darauf, wieder zu erleben, dass Anyma mich vor unseren Freunden abkanzelt.

Ich freue mich darauf, die Möglichkeit zu haben, Anyma durch all ihren Schmerz hindurch in meinem Herzen zu spüren und die Verbindung wahrzunehmen, die immer da war und immer da sein wird jenseits unserer gemeinsamen Geschichte. Dies ist das Geschenk, worauf ich mich freue. Wenn ich die Bereitschaft oder Vorfreude nicht finden kann, ist dies eine Einladung für mich, weitere Gedanken über Anyma zu untersuchen. Dies bringt mich immer ein Stück näher zu ihr und zu mir selbst. Darauf freue ich mich.

Manchmal ist es wirklich eine sehr große Herausforderung, sich für das zu öffnen, was wir zuvor nie wieder erleben wollten. Wenn wir jedoch erkennen können, dass alles, was uns im Leben widerfährt, ein Geschenk ist, beginnen wir uns über das zu freuen, was uns zuvor als schrecklich erschien. Dies birgt den erfreulichen Nebeneffekt, dass wir beim nächsten Mal in derselben Situation nicht unvorbereitet sind und folglich gelassener reagieren können.

Das Arbeitsblatt „Untersuche eine Überzeugung"

Die Untersuchung der Gedanken erfolgt entweder mit einem Begleiter, was in manchen Situationen sehr hilfreich sein kann, oder mit dem Arbeitsblatt „Untersuche eine Überzeugung. THE WORK – eine schriftliche Meditation". Dieses Arbeitsblatt kannst du kostenlos unter www.gruenbaum.ch herunterladen. Du findest es auch innen auf den Umschlagseiten des Buches. Folge einfach den Anweisungen, wie sie auf dem Arbeitsblatt angeführt sind. Wenn du dich selbst begleitest, dann ist es wichtig, die Untersuchung schriftlich zu machen. So weißt du stets, wo du dich im Prozess befindest, und kannst in die Untersuchung zurückkehren, falls der Verstand dich in andere Geschichten verführt. Fahre dann einfach dort fort, wo du mit der Beantwortung der Fragen aufgehört hast.

Erlebe ich mit, wie jemand seine Glaubenssätze mit THE WORK erforscht, denke ich oft: „Ah ja, genauso geht es mir auch." Die Person spricht aus, was ich selbst in ähnlichen Situationen empfunden habe, und es ist wie Balsam für die Seele. Das volle Potenzial von THE WORK entfaltet sich jedoch erst in der persönlichen Erfahrung mit der Beantwortung der Fragen bei eigenen Themen. Dazu lade ich dich nun ein: Tauche nach deinen eigenen Perlen! Jetzt bist du dran.

»Es gibt nur ein Buch zu lesen.
Lies das Buch von dir.«

Byron Katie

Sequenz 1 Eintauchen in THE WORK

»Nimm wahr, was du über das Leben denkst.
Dann nimm wahr, was wirklich ist.«

Byron Katie

1 Am Anfang war ein Gedanke – Stress entsorgen

Tausende von Gedanken ziehen täglich durch unsere Köpfe. Leichte, schwere, freudige und sorgenvolle. Wann und wie treten belastende Überzeugungen aus dieser Fülle heraus, rasten ein und machen uns das Leben schwer? Können wir den Augenblick erwischen, in dem der Stress beginnt?

Wir lesen die E-Mail einer Freundin: Was für ein distanzierter, abweisender Ton! – Und schwupps ist die entspannte Stimmung verschwunden. Der Partner kritisiert uns – und vorbei ist die spielerisch leichte, freudige Atmosphäre. Die Chefin macht eine abfällige Bemerkung – und Unlust begleitet für den Rest des Tages die Arbeit. Der Freund hat immer noch nicht zurückgerufen – je länger das Warten andauert, desto ärgerlicher und gestresster werden wir. Eine Kollegin grüßt nicht, die Eltern jammern nur, schon wieder korrigiert mich der Partner, die Geschwister nehmen meine hilfreichen Impulse nicht auf, die erwachsenen Kinder haben keine Zeit für die Mutter, die Nachbarin, ja der Blick der Nachbarin ... Unzählige Begebenheiten können Auslöser für belastende Gedanken sein.

Wir haben früh gelernt, das Verhalten unserer Mitmenschen auf uns zu beziehen und zu interpretieren, was es wohl zu bedeuten hat. Wir wägen innerlich ab, ob der andere uns noch mag oder nicht, ob wir also richtig oder falsch sind. Geht das Abwägen hin zu *Er mag mich nicht* oder *Ich bin falsch*, folgt oft eine Kette sich steigernder Reaktionen, die wie automatisch in uns ablaufen: *Der Chef schätzt meine Arbeit nicht. Ich bin ihm nicht effizient genug. Er wird mich entlassen.* Oder: *Die Freundin weiß es immer besser. Sie sieht nicht, was ich tue. Ich bin kompliziert. Ich bin ihr nicht wichtig.*

In vielen Lebensbereichen sind wir autonom und erwachsen geworden, haben eine gesunde Distanz zu dem, was andere sagen oder tun. Doch manche Situationen werfen uns in alte Denkmuster zurück, die sich verselbstständigen. Ein unheilsamer Mechanismus kommt in Gang, in dem wir uns selbst, den anderen oder gar beide abwerten, verurteilen oder ablehnen. Das Gute an solchen Situationen ist, dass wir durch sie erkennen können, wo wir noch nicht frei sind, wo etwas in uns noch nicht heil und gelöst ist.

Es ist also sinnvoll, aufmerksam zu werden für stressvolle Überzeugungen, die in unserem Kopf kreisen. Sie sind die Stolpersteine, die uns das Leben schwer machen und die wir gerne entsorgen würden. Wenn wir uns ihrer bewusst werden, sie aufschreiben und mit den Fragen von THE WORK untersuchen, laufen wir weniger Gefahr, von ihnen vereinnahmt und davongetragen zu werden. Denn manche Gedanken wirken wie Haken: Ohne es zu bemerken, gehen wir an die Angel und beißen uns fest – wir verhaken, ja verstricken uns. Sind wir jedoch mit den Reizpunkten vertraut, laufen wir weniger Gefahr, ihnen auf den Leim zu gehen.

Übung: Nimm dir in dieser Woche täglich Zeit, dir deiner stressvollen Überzeugungen bewusst zu werden. Wo hakst du ein? Halte Rückschau auf den Tag und notiere die Sätze, die in dir kreisten. Auf diese Weise sensibilisierst du dich für deine belastenden Gedanken.

Untersuchung: Hast du einmal deine unheilvollen Glaubenssätze erkannt und notiert, nutze das wunderbare Instrument der vier Fragen und der Umkehrungen, um die Unwahrheiten zu klären. Benutze dazu das Arbeitsblatt „Untersuche eine Überzeugung".

>»Es sind die Gedanken,
>die unerträglich sind,
>nicht die Umstände.«
>
>Byron Katie

2 Urteile über deinen Nächsten – Die Klagemauer: das Arbeitsblatt

Gedanken, die im Kopf rund um ein belastendes Thema kreisen, sind oft flüchtig und vage. Manchmal sind sie uns gar nicht richtig bewusst. Das Arbeitsblatt „Urteile über deinen Nächsten" ist eine wunderbare Unterstützung, um sich dieser Überzeugungen bewusst zu werden und sie auf dem Papier festzuhalten. Alles kann Thema sein: Vater, Mutter, Partner, Kinder, Mitarbeiter, Freunde, Bekannte, Nachbarn. Wir können über Gott schreiben, über Krieg und Geld, aber auch über eine Personengruppe: Männer oder Frauen, eine politische Partei, Rebellen, Banker, Rassisten, Mörder. Für Themen im Zusammenhang mit dem Körper siehe auch Kapitel 45 und 46.

Und los geht's: Was genau hat bei dir Stress, Schmerz oder Ärger ausgelöst? War es ein Satz, ein falsches Wort, der Ton, in dem etwas geäußert wurde? Oder hat eine kleine Randbemerkung das Fass zum Überlaufen gebracht?

Nimm dir Zeit, den genauen Moment zu finden, und mache dir ein präzises Bild davon. Wo befindest du dich? Im Wohnzimmer auf dem Sofa, in der Eingangstür zur Wohnung oder am Strand in der Toscana? Wann war das? Vor zwei Wochen sonntags beim Frühstück, am ersten Tag an der neuen Arbeitsstelle Anfang Februar oder vor dem Weihnachtsabend als 6-Jährige? Wenn die Erinnerungen unscharf sind, arbeite einfach mit den Details weiter, die dir noch bewusst sind.

Du erleichterst dir die Untersuchung, wenn du einfache Sätze schreibst. Zensiere nichts, das dir zu der ausgewählten Situation in den Sinn kommt! Je ehrlicher du dich hineinbegibst, desto ertragreicher können die Einsichten sein.

Hast du eine spezifische Situation ausgewählt, versuche als Erstes das stressige Gefühl, das dabei aufgetaucht ist, zu erfassen. Mit den sechs Fragen, die auf dem Arbeitsblatt stehen, ergründest du nun deine Gedanken:

Punkt 1: *Ich bin ... (wütend, enttäuscht, entsetzt etc.) über ... (Name der Person), weil ...* Hier versuchen wir die Essenz des Stresses einzufangen und aufzuschreiben.

Punkt 2: *In dieser Situation: Wie willst du, dass er/sie sich verändert? Was willst du, dass er/sie tut?*

Wenn du alles haben könntest, was du willst, was wäre das? Erlaube dir, wie ein trotziges Kind zu sein, und verlange hier alles, was du willst.

Punkt 3: *In dieser Situation: Welchen Rat kannst du ihm/ihr anbieten?*

Versetze dich in den Gemütszustand der anderen Person. Welchen Rat könnte er oder sie hören wollen und vielleicht auch annehmen? Sei möglichst konkret und spezifisch. Schau, dass deine Ratschläge möglichst realisierbar sind.

Punkt 4: *Damit du in dieser Situation glücklich sein kannst: Was brauchst du, dass er/sie denkt, sagt, fühlt oder tut?*

Was brauchst du, um von deinem Ärger, der Enttäuschung oder dem Entsetzen zum inneren Glück zu kommen?

Punkt 5: *Was denkst du* über *ihn/sie in dieser Situation?*

Erstelle eine Liste. Hier kannst du die Eigenschaften notieren, die du in ihm/ihr siehst.

Punkt 6: *Was ist es in dieser Situation, das du nie wieder erleben willst?*

Notiere, was für dich am schlimmsten wäre.

Übung: Fülle das Arbeitsblatt „Urteile über deinen Nächsten" aus. Untersuche die Sätze mit den vier Fragen und Umkehrungen. Wenn es zu lange dauert, alle Sätze zu untersuchen, so wähle je einen Satz aus Punkt 1–6. aus. Schreibe nicht über dich, sondern über eine andere Person.

»Wenn wir unsere Gedanken glauben, stecken wir in der Illusion einer begrenzten Welt fest.«

Byron Katie

3 Kehre den Gedanken um – Der Blick in den Spiegel

Umkehrungen sind in THE WORK ein essentieller Teil der Selbsterkenntnis. Sie bieten uns die Möglichkeit, in den Spiegel zu blicken und uns selbst zu begegnen.

Nehmen wir an, du stehst vor einem Spiegel und verdeckst dein Gesicht. Dein Gesicht ist doch da. Auch wenn du das, was du nicht sehen willst, vor dir selbst versteckst. Es ist da. Vielleicht, wenn du lange genug mit deinen Schattenseiten Verstecken gespielt hast, gehen sie tatsächlich vergessen. Doch gut möglich, dass sie als unheilvolles Geheimnis in dir gären und dir Leiden verursachen, ohne dass du noch weißt, warum. In den Umkehrungen nutzen wir den Nächsten als unseren Spiegel. Darin können wir uns letztlich selbst erkennen, und das zuvor Verborgene wird uns offenbar. Damit beenden wir unser unbewusstes Leiden.

Zur Vertiefung des Verständnisses der Umkehrungen betrachten wir den Satz: *Er sollte mich ernst nehmen.*

Die **Umkehrung zu uns selbst:** *Ich sollte mich ernst nehmen.* Hier nehmen wir unsere Projektion zurück. Je selbstgerechter wir über eine andere Person urteilen, desto sicherer können wir sein, dass das, was uns am anderen missfällt, etwas mit uns selbst zu tun hat. Die Umkehrung zeigt: Ich bin so sehr mit ihm beschäftigt, dass ich mich selbst und meine eigenen Anliegen weitgehend aus dem Blickwinkel verloren habe.

Wenn ich den Satz *Er sollte mich ernst nehmen* notiert habe, weiß ich vermutlich oder habe zumindest eine Ahnung davon, was ich mir darunter vorstelle und wie „mich ernst nehmen" aussehen sollte. Kann ich mich selbst auf eben die Weise ernst nehmen, wie ich es von ihm erwarte? Wie und wo sollte ich mich selbst ernster nehmen? Wir suchen mindestens **drei konkrete Beispiele** zu jeder Umkehrung. So entdecken wir, wie wir uns selbst das geben können, was wir vom anderen erwarten, und wir können da ansetzen, wo Veränderung möglich ist: bei uns selbst.

Die **Umkehrung zum anderen:** *Ich sollte ihn ernst nehmen.* Manchmal taucht hier sogleich der Gedanke auf: „Ja aber, das tue ich doch." Spannend wird es, wenn wir unseren Blick weiten und schauen, wie genau wir es in eben dieser Situation nicht getan haben. Oder – in einem weiteren Schritt – in welchen Lebensbereichen wir es bisher nicht getan haben. Die drei Beispiele, die wir finden, sind der Ausgangspunkt zu einer freundlicheren Umgangsweise mit unseren Nächsten.

Die **Umkehrung ins Gegenteil:** *Er sollte mich nicht ernst nehmen* klingt erst einmal absurd. Doch es spiegelt mir genau das, was ich mit mir selbst Absurdes anstelle: nämlich meine tatsächlichen, tiefen eigenen Bedürfnisse außer Acht lassen, und, statt für sie einzutreten, den Fehler beim Gegenüber suchen.

Übung: Nimm einen Glaubenssatz, den du bereits bearbeitet hast, und kehre den Gedanken um, wie oben beschrieben. Geh in deiner Vorstellung zurück in die Situation, in der der Gedanke in dir aufgetaucht ist. Meditiere über die Umkehrung und warte, bis sich Beispiele dazu zeigen. Betrachte von dieser Situation ausgehend in deiner Meditation dein Leben und schau, ob du die Wahrheit dieser Umkehrung über dich auch in anderen Situationen finden kannst. Es kann sein, dass du das, was du im Spiegel der Umkehrung erkennst, nicht so gerne siehst. Wenn du jedoch tiefer schaust, kannst du die Unschuld der anderen Person wie auch deine eigene erkennen und bist wieder in der Liebe.

>»Willst du der Liebe deines Lebens begegnen, schaue in den Spiegel.«

Byron Katie

4 Gefühle als Wecker – Dem Leiden auf der Spur

Gefühle wie Ärger, Angst, Enttäuschung und Eifersucht sind manchmal so heftig, dass sie unser ganzes Wesen durchdringen. Mit THE WORK werden diese Gefühle zu einem nützlichen Alarmzeichen. Wie ein Wecker weisen sie uns darauf hin, dass es Zeit ist, einen Anker zu setzen und in eine Untersuchung der ihnen zugrundeliegenden leidvollen Gedanken einzutauchen.

„Wir denken, daraufhin erleben wir ein Gefühl und handeln danach", sagt Byron Katie. Sie nennt es den Zyklus der Schöpfung. Zusammengefasst: Denken – Fühlen – Handeln – Haben. Es taucht ein Gedanke auf, der Gedanke zieht ein Gefühl nach sich, das Gefühl ruft eine Handlung hervor und die Handlung führt zu einem Resultat. Da die Gedanken jedoch flüchtig sind, bemerken wir die düstere Stimmung, den Schmerz oder den Ärger oft noch bevor uns der auslösende Gedanke bewusst wird. So können schmerzhafte Gefühle uns auf die Spur der Stressgedanken führen.

„Du hast mich wieder nicht gefragt hat!", sagt Petra voller Wut zu Thomas, und während sie es sagt, ballt sich ihre Hand unbewusst zur Faust, ihr Körper ist angespannt, ihre Gesichtszüge und auch ihr Blick sind hart. Bis in jede Zelle ihres Körpers dringt der Gedanke. Sie wirft ihm einen Rattenschwanz von vorgängigen Versäumnissen an den Kopf, und schon sind sie mitten in einem Streit. Sie hat den Wecker überhört …

Kennst du die tobende Energie einer heftigen Wut, die bedrückende Last von Angst und Sorgen, die Enge und Ratlosigkeit bei Verzweiflung? Oder warst du vielleicht schon einmal rasend eifersüchtig und dabei völlig außer dir? Gefühle sind an sich nichts Negatives. Ihre natürliche Lebenszeit ist kurz. Dauert ein Kummer oder ein Stress jedoch in uns an und blockiert und belastet uns, so halten wir ihn mit unseren Überzeugungen aufrecht, die rund um das Thema kreisen. Welches belastende Gefühl drückt dich am häufigsten?

In **Punkt 1** des Arbeitsblattes „Urteile über deinen Nächsten" nutzen wir die Kraft negativer Gefühle, um die oft flüchtigen Überzeugungen im Zusammenhang mit einem belastenden Thema zu finden. *Wer ärgert, verwirrt oder enttäuscht dich und warum?*

In diesen Tagen kannst du dein Sensorium für deine Gefühlswelt vertiefen. Wie fühlst du dich jetzt gerade? Halte einen Moment inne, um die Antwort zu erspüren. Ist deine Stimmung friedlich oder bist du gestresst?

Übung: Achte auf deine Gefühle. Halte abends Rückschau auf den Tag. Hast du die Wecker klingeln gehört? Notiere täglich mindestens eine belastende Emotion und finde den dazugehörigen Gedanken, zum Beispiel:

- Wut beim Anruf von Hans. *Ich bin wütend auf Hans, weil er mir nicht zuhört.*

- Angst am Nachmittag in der Firma. *Ich habe Angst vor meiner Chefin, weil sie mich kritisiert.*

Untersuche so viele dieser Überzeugungen, wie du magst. Notiere auf dem Arbeitsblatt „Untersuche eine Überzeugung" den Kernsatz ohne das Gefühl. Beispiel: *Hans hört mir nicht zu.* Oder: *Meine Chefin kritisiert mich.* Schreibe deine Antworten auf. Welches stressvolle Gefühl dominiert gerade dein Leben und lässt dich leiden?

Eine Liste von Gefühlen findest du zum Herunterladen
auf der Webseite: **www.gruenbaum.ch**

> »Kein Mensch kann dich ärgern.
> Du ärgerst dich selbst, indem du deinen
> Gedanken glaubst.«

Byron Katie

Sequenz 2 THE WORK – eine Meditation

»Ungeliebte Gedanken kehren
immer wieder zurück,
so lange bis sie willkommen sind
und geliebt werden.«

Byron Katie

5 Der Blick nach innen – Verletzlich und stark

Was braucht es, um den Schatz, der tief in unserem Inneren liegt, zu heben? Wie gelangen wir zu den Perlen, die in uns verborgen sind? In uns ist Widerstand gegen die Wahrheit, unbequeme Schattenseiten stellen sich quer.

In den Anfangszeiten mit THE WORK fühlte ich mich stark angezogen von der Kraft, die ich in dieser Arbeit erlebte. Gleichzeitig sträubte sich etwas in mir dagegen, Arbeitsblätter auszufüllen. „Ich weiß ja schon, dass es nicht wirklich so ist", hörte ich innerlich zu vielen Sätzen, die auftauchten. Ich wollte unbewusst mein Selbstbild aufrechterhalten, und es erforderte Überwindung, den unbequemen Überzeugungen, für die ich mich schämte, eine Stimme auf dem Papier zu verleihen. Zu deutlich zeigten sie mir die Diskrepanz zwischen meinen Ansprüchen an mich und der Wirklichkeit auf. Die eigenen Ängste und Schwächen einzugestehen und mich verwundbar zu zeigen, das war mir peinlich. Ich wollte mir keine Blöße geben, nicht anfechtbar werden. Speziell dann, wenn ich mit anderen zusammen „workte".

Wie können wir diesem verletzlichen Teil in uns Rechnung tragen? Wie mit der Angst umgehen, uns nackt und bloß zu zeigen? Von einem Begleiter, einem Coach für THE WORK, würde ich mir wünschen, dass er oder sie mir mit Liebe und Offenheit begegnet, an meinen Antworten wirklich interessiert ist, sie nicht bewertet, mein stilles Forschen geduldig willkommen heißt, kein Mitleid hat, sondern darauf vertraut, dass ich die für mich wichtigen und stimmigen Antworten selbst finde. Kann ich mir auch selbst in meiner Verwundbarkeit all das geben und mir genauso begegnen?

Lange habe ich Antworten und Gewissheit in weisen Büchern oder bei spirituellen Lehrern gesucht. Doch was wir von anderen übernehmen, lebt nicht in uns, ist kraftlos. Der Raum der inneren Schätze befindet sich jenseits des theoretisch Bekannten, der vorgefassten Meinungen und Überzeugungen, jenseits des „Ich weiß!". In der Untersuchung gelangen wir da hin, wo sich in uns Neues entfalten kann, wo überraschende Wendungen auftauchen und sich innere Wahrheit enthüllt. So erkennen wir in der Tiefe unseres Wesens auch Dinge, die wir in der Theorie schon lange wussten. Doch nun erleben wir sie mit Leib und Seele.

Inzwischen schreibe ich alles auf meine Arbeitsblätter, ohne Zensur. Die Einsichten, die mir die Untersuchungen bringen, wiegen den anfänglichen Widerstand bei weitem auf. Und erstaunlicherweise kommt oft die Rückmeldung von Kursteilnehmern, dass sie es stark finden, wenn wir Kursleiterinnen authentisch unsere Verletzlichkeit und Fehlbarkeit zeigen. Es ermutigt sie, selbst ins kalte Wasser zu springen, alles ehrlich aufs Papier zu bringen und es zu hinterfragen.

Übung:

a) Fülle das Arbeitsblatt „Urteile über deinen Nächsten" hinsichtlich einer aktuellen, belastenden Situation oder ausgehend von einem Satz aus der letzten Übung (4) aus.

b) Schreibe deine persönliche Liste, was für dich ein guter Begleiter ist:

> Ein guter Begleiter ist …

Bevor du deine Sätze mit den vier Fragen und den Umkehrungen untersuchst, lies deine Liste nochmals folgendermaßen:

> *Als guter Begleiter/gute Begleiterin …*
>
> • begegne ich mir mit Liebe und Offenheit.
>
> • bin ich an meinen Antworten echt interessiert.
>
> …

Begleite dich in diesem Sinne durch das Arbeitsblatt.

> »Was gibt es Intimeres als Menschen,
> die sich dir offenbaren.«
>
> Byron Katie

6 Ist es wirklich wahr? – Überzeugungen entlarven

Alles, was wir benennen, erhielt einst einen Namen. Wir haben gelernt, den Dingen Bedeutungen beizumessen und die Geschehnisse in unserem Leben auf unsere ganz eigene Weise zu interpretieren. Doch ist das, was wir glauben, auch wirklich wahr? Als Schwerpunkt dieses Kapitels widmen wir uns den ersten beiden Fragen von THE WORK.

Von einem sozusagen unbeschriebenen Blatt sind wir zu Menschen voller Glaubenssätze und Überzeugungen geworden. Aus dem, was wir gelernt haben, aus Annahmen und Meinungen haben wir in uns komplexe Gedankengebäude errichtet. Nur: Wie viele dieser Gedanken sind wahr?

Petra sollte mich freundlicher begrüßen! Bemerken wir eine solche Überzeugung, stellen wir ihr die erste Frage von THE WORK gegenüber: *Ist das wahr?* Auch beim Gedanken *Irma sollte sich mehr bewegen* oder bei *Ich will, dass Fabian zu mir zurückkommt* stellen wir uns diese Frage. Ist die Antwort Nein, gehen wir bei der Untersuchung direkt zur dritten Frage weiter.

Wenn die Antwort auf die erste Frage *Ist das wahr?* ein Ja ist, folgt die zweite Frage: *Kann ich mit absoluter Sicherheit wissen, dass das wahr ist – ich will, dass Fabian zu mir zurückkommt? Bin ich mir mit hundertprozentiger Sicherheit gewiss?* Ich werde ganz still und lausche in mich hinein, öffne mich über mein vordergründiges Ja hinaus und warte auf die Wahrheit, die da auftauchen will.

Als Antwort auf die ersten beiden Fragen reicht ein einfaches Ja oder Nein, ohne weitere Ausführungen oder Erklärungen. Es ist manchmal eine Herausforderung, sich in diesem Sinne für eine klare Antwort zu entscheiden. Und vielleicht folgt nochmals ein Ja: *Ja, ich will, dass er zu mir zurückkommt.* Dabei sind Ja und Nein als Antwort gleichwertig.

Die ersten beiden Fragen von THE WORK rütteln an unserer Identifikation mit dem Gedanken, den wir gerade glauben. *Ja! Ich will, dass er zu mir zurückkommt!* Doch kann ich auch wissen, ob es für mich das Beste wäre, wenn er zurückkäme? Ich versuche, aus der „Ich weiß es!"-Haltung auszusteigen und mich für eine umfassendere Wahrheit zu öffnen. Beantworte ich diese zweite Frage aus der Tiefe meines Wesens, erlebe ich oftmals, wie sich etwas in mir erweitert.

Übung: In dieser Aufgabe nehmen wir die ersten beiden Fragen von THE WORK wie ein Mantra mit in den Alltag: *Ist das wahr? Kann ich mit absoluter Sicherheit wissen, dass das wahr ist?* Stelle dir diese Fragen immer wieder, wenn du in irgendeiner Form Stress erlebst. *Ich bin nicht gut genug. Ist das wahr? Ich brauche von Lisa, dass sie mich mag. Ist das wahr? Kann ich das mit absoluter Sicherheit wissen?* Halte inne, lausche in dich hinein, warte auf die Antwort aus der Tiefe. Begnüge dich mit einem einfachen Ja oder Nein. Was erkennst du mit diesen beiden Fragen? Was lernst du?

Untersuchung: Notiere deine stressvollen Gedanken. Es gibt Überzeugungen, die wir besonders fest glauben und die uns wie unwiderlegbare Tatsachen vorkommen. Bist du auf hartnäckige Überzeugungen gestoßen, die du vielleicht sogar zweimal mit einem Ja beantwortet hast oder die dir immer wieder begegnen, so untersuche sie. Öffne deinen Geist und sei behutsam mit dir, auch bei den Umkehrungen. Und sei nicht überrascht, wenn du auch bei dieser Arbeit auf einen großen Schatz stößt.

>»Keine deiner Überzeugungen ist wahr.
>Dies zu wissen, bedeutet Freiheit.«
>
>Byron Katie

7 Wie reagierst du? – Das Erforschen der Innenwelt

Wie sieht es in uns aus, wenn wir uns freuen? Und wie, wenn wir uns ärgern? Durch die dritte Frage von THE WORK wird uns bewusst, welche Macht Gedanken auf unser Befinden haben. Der Richtungswechsel, weg vom Objekt unseres Ärgers und hin zu uns selbst, eröffnet uns ein erkenntnisreiches Schauspiel.

Wenn wir über jemanden entsetzt, enttäuscht oder wütend sind, schauen wir für gewöhnlich auf die Person, die wir als Auslöser unserer Gefühle sehen. Wir wettern laut oder in Gedanken über sie, und in uns entspinnen sich ganze Geschichten, die wir glauben. Die dritte Frage von THE WORK *Wie reagierst du, was passiert, wenn du diesen Gedanken glaubst?* lädt zu einem Richtungswechsel ein. Nun schauen wir in uns hinein. Wir halten inne und kontemplieren, was sich in unserem Inneren abspielt.

Habe ich Stress, weil eine Mitarbeiterin sich schon wieder mit einer faulen Begründung nicht an eine Abmachung gehalten hat, so gehe ich mit dem Satz *Sie sollte sich an die Abmachung halten* in die Untersuchung. Und ja, ich finde, das ist wahr, da bin ich mir absolut sicher, sie hätte sich an die Abmachung halten sollen! Bei der dritten Frage *Wie reagierst du, was passiert, wenn du diesen Gedanken glaubst?* werde ich ganz still, horche in mich hinein und warte. Es ist eine sehr offene Frage. *Ich bin wütend, gekränkt, werde abweisend. In meinem Körper nehme ich Anspannung wahr, besonders im Schulterbereich und im Kiefer, und ich atme flach. Innerlich gehe ich auf Distanz zu ihr, während ich äußerlich verständnisvoll agiere und meinen Ärger überspiele. Ich bin nicht mehr authentisch, nicht mehr ehrlich. Ich beginne, sie zu meiden. Bei einer anderen Mitarbeiterin habe ich schlecht über sie gesprochen.*

Im *Leitfaden zum Begleiten* oder auf dem Arbeitsblatt „Untersuche eine Überzeugung" gibt es zur dritten Frage Unterfragen, welche die

Aufmerksamkeit auf unterschiedliche Bereiche in uns lenken. Für manche Menschen sind diese Zusatzfragen überflüssig, andere ziehen einen großen Nutzen daraus. Die Fragen eröffnen ihnen einen Zugang zu Antworten, die sich ihnen nicht von alleine erschließen. Zu früh oder unpassend gestellt, können die Unterfragen aber auch unser freies Forschen auf einen begrenzten Bereich einschränken und hinderlich sein.

Grundsätzlich beleuchten die Unterfragen, wie wir uns bei einem spezifischen, belastenden Gedanken fühlen, was dabei im Körper passiert und wie sich der Gedanke auf unsere Beziehung zu der involvierten Person und zu uns selbst auswirkt. Wir können uns aber auch anschauen, was für Bilder aus der Vergangenheit oder der Zukunft in uns auftauchen, welche Gefühle mit ihnen einhergehen oder ob Süchte und Zwänge daraus erwachsen.

Übung: Richte in den nächsten Tagen bei Stress den Fokus vor allem auf die Beantwortung der dritten Frage: *Wie reagiere ich, was geschieht, wenn ich diesen Gedanken glaube?* Frage dich dies immer wieder im Alltag.

Untersuchung: Fülle ein Arbeitsblatt „Urteile über deinen Nächsten" über einen aktuellen Ärger oder Stress aus. Mach dich in der Untersuchung der einzelnen Sätze bei der dritten Frage mit den Unterfragen vertraut, indem du sie dir jeweils alle stellst und beantwortest. Geh dann weiter zur vierten Frage und zu den Umkehrungen.

>»Wir fürchten nur, was wir
>nicht verstanden haben.«
>
>Byron Katie

8 Wer wärst du ohne den Gedanken? – Stille Schritte

Wir sehen die Welt durch den Filter unserer Überzeugungen. Ohne unsere Geschichten sind wir frei. Die Kontemplation der vierten Frage von THE WORK lässt uns diese Freiheit kosten: Wer wärst du ohne deine Gedanken, ohne deine Geschichten?

Wenn wir einen stressvollen Gedanken glauben, ist es zuweilen, als würden wir in einen kreisenden Wasserstrudel gerissen und könnten uns selbst nicht mehr befreien. Mit Intensität zieht die Überzeugung uns in ihren Bann. Oft glauben wir sie so sehr, dass es kaum möglich ist, die vierte Frage von THE WORK zu beantworten: *Wer wäre ich ohne diesen Gedanken?*

Als THE WORK für mich ganz neu war, erging es mir folgendermaßen: Ich setzte mich in der Untersuchung mit der vierten Frage hin und wartete. Immer wieder driftete mein Denken ab, und ich musste mich zurückholen. Doch siehe da, für ganz kurze Zeit öffnete sich die Tür in die Freiheit einen Spalt breit, und ich erhaschte einen Blick, spürte, wie leicht und unbelastet ich in meiner Situation ohne meinen Gedanken wäre. Ich nahm mich selbst wieder wahr, mein Atem floss frei, der Ärger zerrann. Der Blick weitete sich, und es zeigten sich mir neue Möglichkeiten.

Schwupps, wie von einem Gummiband gezogen, fiel die Tür zur Freiheit wieder ins Schloss. Doch nun hatte ich eine Ahnung: Ich wusste, es lohnt sich, in dieser Frage verweilend auf eine Antwort zu warten. Mit jeder Untersuchung ging die Tür leichter auf, der Spalt wurde größer und die Tür blieb länger offen.

Fällt es uns schwer, die vierte Frage zu beantworten, können wir uns vielleicht daran erinnern, wer wir waren, bevor wir den stressvollen Gedanken hatten, oder wir können uns in eine Person versetzen, die diesen Gedanken nicht kennt. Manchmal blockieren Ängste die Beantwortung der vierten Frage. Mit der Unterfrage **Was befürchtest du, was passieren könnte, wenn du diesen Gedanken nicht mehr glaubst?**, bezogen auf den Satz, den du gerade untersuchst, kannst du Überzeugungen entdecken, die dir im Weg stehen. Beim Satz *Er sollte nicht so viel verlangen!* können die Befürchtungen sein:

Ohne diesen Gedanken …

- *bin ich ihm ausgeliefert.*
- *habe ich keine Kontrolle mehr.*
- *bin ich nicht mehr ich.*

Schreibe diese Sätze auf, um sie später zu untersuchen.

Richte den Fokus in diesen Tagen auf die vierte Frage: *Wer wäre ich ohne diesen Gedanken?* Oder: *Wer oder was bin ich ohne diesen Gedanken?* Nimm diese Frage wie ein Mantra in deinen Alltag und stelle sie dir immer wieder, besonders wenn du Stress erlebst. Wie geht es dir und wie fühlst du dich, wenn du dich auf diese Frage und ihre Beantwortung einlässt?

Wenn du von zu Hause weggehst oder von der Arbeit nach Hause kommst, wenn du zum Einkaufen oder spazieren gehst, dann kannst du Folgendes machen:

Übung: Gehe in Stille. Bei jedem Schritt, den du tust, sei achtsam, sei wach. Nimm deinen Atem wahr und bleibe damit verbunden. Wenn in deinem Geist ein Gedanke, eine Geschichte auftaucht, nimm wahr, wie sie dich aus der Gegenwart zieht, weg vom Hier und Jetzt. Dann frage dich: *Wer wäre ich ohne diesen Gedanken, ohne diese Geschichte?* Lausche. Nimm deine Umgebung mit all deinen Sinnen wahr, ohne deine Gedanken. Komm mit deiner Aufmerksamkeit zu deinem Atem zurück. Gehe in Stille achtsam weiter.

Mache dir diese kleine Übung in dieser Woche zur Gewohnheit.

> »Gehe, als wenn du die Erde
> mit deinen Füßen küssen würdest.«
>
> Thich Nath Hanh

Sequenz 3 Drei Arten von Angelegenheiten

»Wenn du glaubst, dass dein Problem
durch jemand oder etwas verursacht wird,
wirst du zu deinem eigenen Opfer.«

Byron Katie

9 Mein Ding, dein Ding –
Ein Weg aus der Verstrickung

In THE WORK wird zwischen **drei Arten von Angelegenheiten** unterschieden: **die eigene, die von anderen** und **Gottes Angelegenheit**. Wenn wir uns um die Belange der anderen kümmern und uns einmischen oder wenn wir mit dem Schicksal hadern, erleben wir Stress. Dies zu bemerken, kann uns helfen, ihm zu entgehen.

Im Volksmund heißt es: „Kümmere dich um deinen eigenen Kram." Doch wer tut das schon? Wir beschweren uns über das Wetter, den Verkehrsstau, die Überschwemmung und mischen uns in Gottes Angelegenheit ein. Wir meinen zu wissen, wie sich Freunde und Bekannte verhalten sollten und was für sie gut ist. Wenn wir behaupten: *Er sollte sie unterstützen! Sie ist zu gutherzig!,* sind wir gedanklich in den Angelegenheiten anderer und nicht mehr voll in uns präsent. Dann laufen wir Gefahr, uns nicht mehr angemessen um uns selbst zu kümmern.

In Partnerschaften sind wir besonders anfällig dafür, uns einzumischen und uns somit zu verstricken. Entwickelt sich der andere aus dem Rahmen unseres Partnerideals hinaus, so lässt die Einmischung nicht lange auf sich warten. Mann oder Frau beginnt sich gedanklich und verbal immer mehr ins Leben des Partners einzumischen. Vielleicht kritisieren wir seine fehlende Kooperationsbereitschaft, ihren Mangel an Interesse oder seine Arbeitssucht. Die Fronten werden abgesteckt, und ein Machtkampf beginnt.

Oder wir sind bestrebt, schmerzhaften Konflikten auszuweichen, und versuchen, es dem anderen recht zu machen. Damit Sue herausfindet, wie es Urs wohl „recht" sein könnte, beschäftigt sie sich mit dessen Angelegenheiten und gibt sich selbst mehr und mehr auf. Je öfter sie sich gedanklich bei Urs befindet, desto mehr weicht er innerlich zurück. Und je mehr Urs sich zurückzieht, desto stärker beschäftigt sich Sue mit ihm. So wird Sue für Urs immer unfassbarer, da sie, je länger sie sich so verhält, umso weniger ihr eigenes Leben lebt und persönliche Bedürfnisse vernachlässigt. Die Beziehung wird langweilig.

Ich glaubte früher, mich mit Fug und Recht in gewisse Angelegenheiten meines Partners einzumischen. Was er tut, kann ja einen großen Einfluss auf mich haben. Das stimmt – und es ist Verstrickung. Mit dem Modell der drei Angelegenheiten lernte ich zu unterscheiden: Was er tut, ist voll und ganz seine Angelegenheit. Wie ich darauf reagiere, das hingegen ist die meine. Wie er mit meiner Reaktion umgeht, ist dann wieder seine Angelegenheit. Frei von Verstrickungen kann ich mich dem anderen mit dem, was für mich wahr ist, ehrlich zumuten und ihm dasselbe zugestehen. Das nimmt Konflikten ihre Dramatik.

Mit jeder Untersuchung stressreicher Überzeugungen wird deutlich, wie rasch wir uns verstricken. Die Rückkehr zu unseren eigenen Angelegenheiten und das Übernehmen von Verantwortung für uns selbst lässt uns in unseren Beziehungen klarer, liebender, authentischer und ehrlicher werden.

Übung: Erlebst du diese Woche Unbehagen oder Stress, frage dich, in wessen Angelegenheit du dich gerade befindest. Beobachte: Bei welchen Menschen rutschst du am häufigsten in deren Angelegenheiten, und in welchen Situationen geschieht dies? Fülle ein Arbeitsblatt „Urteile über deinen Nächsten" zu einer Situation mit der Person aus, in deren Angelegenheit du am häufigsten warst, und untersuche deine Gedanken.

> »Kümmere dich um dich und
> deine Angelegenheit und du kümmerst dich
> um die Welt.«
>
> Sandra Vogler

10 Verantwortung abschieben –
Mach mich glücklich!

Wann machen wir andere verantwortlich für etwas, das in unserer Verantwortung liegt? Hier betrachten wir, wie und wann wir Verantwortung abschieben, vermeiden oder anderen überlassen, und wie wir uns dabei in die Angelegenheiten der anderen verstricken.

„Tue nie etwas für ein Kind, das es selbst tun kann", sagte eine Freundin in einem Gespräch über Erziehung. Der Satz prägte sich mir tief ein. Stück für Stück wachsen wir als Kind in mehr Selbstverantwortung hinein, werden selbständiger. Indessen haben wir als Erwachsene nicht immer die ganze Lektion gelernt. In einzelnen Lebensbereichen fällt es uns schwer, Verantwortung zu übernehmen; wir trauen uns wenig zu, sind unsicher, ängstlich, träge, bequem, oder wir sehen keinen Weg und überlassen es lieber den anderen.

Ich selbst kenne es, Verantwortung abzuschieben, indem ich nicht für mich einstehe, weil ich befürchte, eine klare Aussage meinerseits könnte in eine mühsame Auseinandersetzung münden. Nimmt die Angst, mich unbeliebt zu machen oder einen Konflikt heraufzubeschwören, überhand, falle ich aus meiner Mitte und würdige nicht mehr das, was sich in mir wahr und richtig anfühlt. Ich sage dann nicht, was ich brauche. Ich verstumme. Doch die Erwartungen und Wünsche, die ich aus Angst nicht kundtue, bleiben bestehen. Dann warte ich darauf, dass etwas passiert, und ärgere mich darüber, dass der andere nicht tut, worum ich nicht gebeten habe.

In den Sätzen von Punkt 4 im Arbeitsblatt „Urteile über deinen Nächsten" Für mein Glück brauche ich von ..., dass ... wird sichtbar, wie das Abschieben von Verantwortung bei uns ablaufen kann. Je klarer wir aufschreiben, was wir von anderen für unser Glück erwarten, desto deutlicher wird, wo wir passiv bleiben und nicht selbst für die Erfüllung unserer Wünsche sorgen. Da zeigt sich, wie wir die anderen, die Umstände oder unsere Vergangenheit verantwortlich für unsere Probleme machen: *Ich brauche, dass er mich einbezieht, dass er die Vorteile sieht, dass sie mich ernst nimmt, dass sie mir vertraut.* Unser Befinden ist dabei abhängig von dem, was andere sagen, tun oder unterlassen. Es ist erstaunlich, wie viel Macht wir ihnen auf diese Weise immer wieder über uns geben.

Sogar wenn wir uns in einer bestimmten Situation hilflos fühlen, gerne etwas ändern möchten und nicht wissen wie, müssen wir nicht gleich andere fragen. Folgender einfache Weg bietet sich an, für uns selbst zu sorgen. Überlege: Was würdest du einem Menschen empfehlen, der sich in einer ähnlichen Lage befindet? Für andere fällt uns meist schnell etwas ein. Schreiben wir unsere Ratschläge auf und kehren sie zu uns selbst um, erhalten wir nützliche persönliche Handlungsanleitungen.

Übung: Beobachte, wann du andere für etwas verantwortlich machst, das in deiner Verantwortung liegt. Achte auf Gedanken wie:

> *Ich brauche von Susanne, dass ...*
>
> *Ich hätte von Mutter gebraucht, dass ...*
>
> *Es würde mir besser gehen, wenn Hans ...*

Was müssen die anderen tun, damit du glücklich bist? Wie oft gibst du anderen auf diese Weise Macht über dich selbst? Notiere die Erwartungen, die du diesbezüglich an andere hast.

Untersuche so viele Sätze, wie du magst. Übernimm Verantwortung! Die Umkehrungen werden dir zeigen, wie du das tun kannst.

>> »Wenn du Einsamkeit magst,
> dann begib dich in die Angelegenheit
> eines anderen.«

Byron Katie

11 Ein Rucksack voller Verantwortung – Die Arroganz des Unentbehrlichseins

Wann übernehmen wir Verantwortungen, die nicht unsere sind? Wo gehen wir über die Grenze des Sinnvollen und Gesunden hinaus und beladen uns mit unnötigen Aufgaben?

Grundsätzlich heißt Verantwortung für uns selbst übernehmen, zu einem selbständigen, überlebensfähigen Menschen heranzuwachsen, der materiell, emotional und sozial für sich sorgen kann. Das ist schon ganz schön viel, und doch greifen wir darüber hinaus oft in die Verantwortungsbereiche anderer ein, um bei ihnen etwas zu verändern, zu „verbessern" oder um ihnen das Leben zu erleichtern.

Es gibt unzählige Wege, Verantwortung für andere Menschen zu übernehmen. Als überverantwortliche Eltern räumen wir dem Kind jedes Hindernis aus dem Weg. Wir ermahnen den elfjährigen Sohn wiederholt, dass er für die Prüfung lernen sollte und untergraben damit seine Selbständigkeit. Das gilt auch, wenn wir einem pflegebedürftigen Menschen zu viel abnehmen und dadurch seine Eigeninitiative schwächen. Für den Partner übernehmen wir Verantwortung, wenn wir ihm ständig den Rücken freihalten, weil er ja so viel arbeitet. Bei der Schwester glauben wir, es würde ihr besser gehen, wenn sie sich nicht auf diesen Typen einlassen würde. Gleich doppelt übernehmen wir Verantwortung, wenn wir dem Bruder nahelegen, die Mutter öfter zu besuchen, weil wir glauben, es würde sie glücklich machen. Mit unseren Ratschlägen und der Erwartung, dass sie befolgt werden, haben wir uns in den Verantwortungsbereich unserer Mitmenschen verirrt.

Da ist eine feine Linie zwischen verantwortungsvollem Handeln und dem Übernehmen der Verantwortung des anderen. Manchmal beobachten wir etwas, das sich ungut anfühlt. Der Impuls ist da, etwas zu sagen. Wenn wir unsere Worte hinunterschlucken und unsere Wahrheit verschweigen, handeln wir möglicherweise verantwortungslos. Erwarten wir jedoch, dass der andere unseren Input befolgt, sind wir in seiner Angelegenheit und versuchen Verantwortung für ihn zu übernehmen.

Eine weitere feine Linie besteht zwischen der Freude, seinen Lieben einen Gefallen zu tun, und sich für andere aufzuopfern. Das Erstere ist rundum erfreulich, das Letztere fühlt sich auf die Dauer für beide Parteien schlecht an. Das Leben ist voller Gelegenheiten, uns für andere nützlich zu machen: bei der Arbeit, im Berufsverband, im Mieterverein oder bei der Organisation eines Festes. Wenn wir jedoch meinen unentbehrlich zu sein, gerät unser gutgemeinter Einsatz in die Nähe von Arroganz und Überheblichkeit. Wir selbst bleiben dabei oft auf der Strecke.

Übung: Beobachte, wann du Verantwortungen übernimmst, die nicht deine sind. Wie oft meinst du zu wissen, was für eine andere Person gut ist?

> *Hans sollte gesünder essen und häufiger soziale Kontakte pflegen.*
>
> *Oma ginge es besser, wenn sie weniger jammern würde.*

Achte auf deine Ratschläge und beachte auch, was du meinst, für andere tun zu müssen, zum Beispiel:

> *Ich sollte seine Bedürfnisse erfüllen.*
>
> *Ich muss ihr unter die Arme greifen.*

Untersuchung: In den „Er/Sie sollte …"-Sätzen (Punkt 3 auf dem Arbeitsblatt „Urteile über deinen Nächsten") findest du deine Ratschläge an andere. Schreib eine Liste deiner Ratschläge und untersuche sie täglich. Was bemerkst du? Beherzige die Ratschläge in der Umkehrung zu dir.

»In meinen eigenen Angelegenheiten zu bleiben, ist eine Vollzeitbeschäftigung.«

Byron Katie

12 Nach Hause kommen – Zurück in die Klarheit

Solange wir uns in den Angelegenheiten der anderen tummeln, bleiben wir handlungsunfähig. Wenn wir zu uns zurückkommen und bei uns sind, wird Veränderung möglich. Das Arbeitsblatt „Urteile über deinen Nächsten", in der Umkehrung zu uns selbst gelebt, ist der Königsweg in die eigene Freiheit und zu besseren Beziehungen.

Einem meiner Klienten fiel es wie Schuppen von den Augen, als ich ihm von den drei Angelegenheiten erzählte. Er erkannte, wo ganz viele der Schwierigkeiten in seiner Ehe herrührten. „Dies müsste man schon in der Schule lernen, das würde uns so viel ersparen!", sagte er begeistert.

Es ist erstaunlich, wie vollständig wir uns in den Angelegenheiten einer anderen Person verirren können, wenn wir richtig wütend und aufgebracht sind. Manchmal geraten wir dabei völlig außer uns. Ich stelle dann gerne zur dritten Frage *Wie reagierst du ...?* die Unterfrage: **In wessen Angelegenheit befindest du dich, wenn du diesen Gedanken glaubst?** Durch diese Frage wird uns die Doppeldeutigkeit des „Außer-sich-Seins" bewusst. Wenn ich dann noch wissen will, zu wie viel Prozent mein Gegenüber in der Angelegenheit der anderen Person ist, kommt meist die Antwort: „Ja, zu 100 Prozent."

Mental oder auch lautstark in Worten sind wir drüben beim Gegenüber oder im Weltgeschehen, doch die Gefühle, die mit den zornigen Gedanken einhergehen, die sind in uns drinnen, körperlich spürbar. Da ist Anspannung in Schultern und Armen, Druck im Bauch, Schwere in der Brust, die Atmung ist flach – je nach Situation. Und für diese Gefühle machen wir für gewöhnlich die anderen verantwortlich.

Nachdem wir die Sätze aus einem Arbeitsblatt „Urteile über deinen Nächsten" untersucht haben, können wir damit noch einen Schritt weitergehen und das ganze Arbeitsblatt auf uns selbst umkehren. Das ist wie heimkommen in die eigene Angelegenheit. Ich bin oft verblüfft und betroffen, wie treffend das ist, was ich auf diese Weise lese. So wird beispielsweise *Sie sollte sich genügend bewegen, sich nicht so verwöhnen, auch Unbequemes tun und Antrieb entwickeln* zu *Ich sollte mich genügend bewegen, mich nicht so verwöhnen, auch Unbequemes tun und Antrieb entwickeln.* Mit dieser Einsicht kann ich wieder klar sehen, wo *mein* Wirkungsfeld liegt, und den anderen vertrauensvoll in *seiner* Welt walten lassen.

Übung: Fülle ein Arbeitsblatt „Urteile über deinen Nächsten" aus über eine aktuelle Stress-Situation oder über eine Person, die dir in einer spezifischen Situation nicht gegeben hat, was du wolltest, oder die nicht tut, was du willst. Untersuche die Sätze auf dem Arbeitsblatt mit den vier Fragen und den Umkehrungen. Lies zum Schluss das ganze Arbeitsblatt in der Umkehrung zu dir selbst. *Ich bin wütend auf Verena, weil ...* wird zu *Ich bin wütend auf mich, weil ...* Verweile bei jedem Satz. Prüfe, ob die Umkehrung wahr ist. Warte, bis du die Wahrheit in dir findest. Lass dich überraschen!

Nimm dir im Verlauf der Woche bereits bearbeitete Blätter der letzten Zeit vor und lies sie in der Umkehrung zu dir selbst, so wie oben beschrieben.

»Du sagst zum anderen, was du hören musst – die Frage ist, höre ich mir zu?«

Byron Katie

Sequenz 4 Die größten Lehrer

»Heirate dich selbst und du hast
uns geheiratet. Wir sind du.
Das ist der kosmische Witz.«

Byron Katie

13 Das nervt! – Perlen im Alltag

„Mist! Dass ausgerechnet Rea für das Projekt ausgewählt wurde!" Ganz gleich, was gerade in unserem Leben geschieht, mit wem wir zusammen sind oder in welcher Umgebung wir uns aufhalten, unser Verstand findet an allem etwas auszusetzen. In den nächsten Tagen lassen wir ihm freien Lauf und erkunden, in welchen Situationen wir uns im Alltag aufreiben. Mit THE WORK wird Mist zum Dünger und Ärger zur Perle im Alltag.

Was weckt gerade deinen Unmut? Ist es die lange Warteschlange in der Bäckerei, die schmutzige Toilette im Restaurant, das überhöhte Gehalt eines Bankers oder die beängstigende Haltung eines Politikers? Störst du dich am Verkehrsstau, am Unkraut im Gemüsebeet, am Lärm der Nachbarn, an der Zahnarztrechnung, oder ärgerst du dich über deinen Bruder, der nicht anruft?

Es ist manchmal kaum zu fassen, worüber wir uns alles ärgern. Der Blick auf das Störende kann zu einer unangenehmen Gewohnheit werden, die wir überall hin mitnehmen. Auf der schönsten Düne im südalgerischen Tefedest-Gebirge empörte sich eine Touristin im Gespräch mit einem Tuareg über die delinquenten Jugendlichen im fernen Europa. Ich selbst empörte mich über meine Mitreisende, die mir in meinen Augen die Stille auf der Düne raubte.

Jeder Satz, den ich im Blick auf eine störende Situation oder jemanden, dem ich etwas übel nehme, untersuche, zeigt mir einen neuen Bereich auf, in dem ich bei mir selbst Handlungsbedarf habe. Ich nehme es der übergewichtigen jungen Frau übel, dass sie nicht besser zu sich schaut, dass sie so viel isst. Und ich bemerke, wie ich mit diesem Gedanken ihr Wesen übersehe, sie abwerte, wie die Leichtigkeit in meinem Herzen schwindet. In der Umkehrung entdecke ich, dass ich zu wenig schlafe und beim Arbeiten nicht Maß halte.

Ich nahm es meiner Tochter übel, dass sie nicht mit Geld umgehen kann, und ich entdeckte, dass ich die bin, die das nicht gut kann. Sie leistet sich Dinge, die ihr Herz begehrt, viel lockerer als ich. Nach einem Fehlkauf hatte ich das Gefühl, das Gekaufte nun amortisieren und mindestens drei Jahre behalten zu müssen. Nachdem ich meine Gedanken untersucht hatte, sprang ich über meinen Schatten und kaufte mir den neuen Computer. Da er so viel besser meinen Bedürfnissen entspricht, erfreut er mich noch immer.

Nach meiner Untersuchung des Satzes *Mein Bruder sollte mich öfter anrufen* greife ich mit erleichtertem, vorwurfsfreiem Herzen zum Telefonhörer und wähle seine Nummer. Es entspinnt sich ein tiefgehendes Gespräch. Wieder habe ich eine Perle im Alltag gefunden!

Übung: Beobachte in diesen Tagen, was deinen Unmut weckt und schreibe eine Liste:

> *Ich nehme es ihr/ihm übel, dass ...*
>
> *Ich nehme es René übel, dass er nicht anruft.*
>
> *Ich nehme es der dicken Frau übel, dass sie so viel isst.*
>
> *Ich nehme es Clarissa übel, dass sie die Stille stört.*

Untersuche täglich wie folgt einen Satz aus deiner Liste:

> *René ruft nicht an. Ist das wahr? etc.*
>
> *Die dicke Frau isst zu viel. ...*
>
> *Clarissa stört die Stille. ...*

Jeder dieser Sätze könnte auch der Ausgangspunkt eines Arbeitsblattes „Urteile über deinen Nächsten" sein und mit deinen weiteren Gedanken zum Thema ergänzt werden. So kannst du mit jedem Thema, das dich interessiert, noch tiefer gehen.

>»Ich bin immer so, wie ich dich gerade beurteile. Ausnahmen gibt es nicht. Ich bin mein Schmerz. Ich bin mein Glück.«

Byron Katie

14 Tägliche Reibereien – Dein Guru daheim

Unsere Nächsten sind oft unsere größte Herausforderung. Ob wir in einer Partnerschaft leben, mit Kindern, Eltern, Geschwistern, Freunden, alleine oder in einer anderen Wohnform – Menschen, die uns nahestehen und unseren Alltag teilen, konfrontieren uns auch mit schwierigen Seiten. Die vielen Begegnungen im Zusammenleben verunmöglichen ein Ausweichen. Dadurch bieten sie sich als Wachstumsbeschleuniger an.

Welcher Mensch in deinem nahen Umfeld fordert dich am meisten heraus? Lenke deine Aufmerksamkeit in diesen Tagen vermehrt auf deine Beziehung zu dieser Person. Ist es dein Mann, deine Frau, dein kleines Kind, das kränkelt oder andere beißt, die laute Nachbarin, der Pubertierende, der kifft, nur am Computer sitzt und sich nicht um Schule und Ausbildung kümmert, die Schwester, die ein Messie ist, ein Elternteil, der sich ständig beschwert, oder die Nervensäge bei der Arbeit? Wähle eine dir nahe Person aus und richte deinen Fokus auf sie.

Vielleicht ist für dich sogleich offensichtlich, welches Thema du in Bezug auf die gewählte Person mit THE WORK anschauen willst. Wenn du dein Arbeitsblatt „Urteile über deinen Nächsten" ausfüllst, halte dir eine spezifische Situation vor Augen, die für das konfliktträchtige Thema typisch ist. Meine Wahl fällt auf die wiederkehrende Unzufriedenheit meines Partners mit mir und seinen Ärger, dass ich mich aus der Kurswoche nicht gemeldet habe. *Ich bin verärgert, weil er so schnell unzufrieden ist. Ich will, dass er Verbundenheit nicht mit Kontakt verwechselt. Er sollte nicht erwarten, dass ich mich regelmäßig melde.*

Wenn du nicht weißt, wo du ansetzen kannst, überlege dir, wie genau die gewählte Person dich herausfordert: Wo stehst du mit ihr, worüber bist du enttäuscht oder was nervt dich? Wo hast du resigniert oder dich arrangiert? Wozu bist du nicht in der Lage? Wo fühlst du dich mit ihm oder ihr unfrei, gehemmt, gebremst und warum?

Aufgrund unserer Erfahrungen mit der Person machen wir uns ein Bild von ihr, konstruieren eine Geschichte über sie und laufen Gefahr, sie immer mehr durch die Brille unserer vorgefassten Meinungen zu sehen. Gewissen Themen weichen wir aus. Je mehr wir unter den Teppich kehren, schlucken und verdrängen, desto schwieriger und distanzierter wird die Beziehung. Mit THE WORK können wir unsere Wahrnehmung für unsere Nächsten wieder öffnen. Besonders nützlich ist bei der dritten Frage in der Untersuchung die Unterfrage: **Wie behandelst du den anderen, wenn du deinen Gedanken glaubst?**

Mein „Guru" hat mir gespiegelt, wie schnell und oft ich unzufrieden mit mir selbst bin. Wie ich glaubte, ich müsste seine Erwartungen erfüllen und mich regelmäßig melden, worauf ich unfrei und mit Trotz reagiert hatte. Was entdeckst du?

Übung: Beobachte in diesen Tagen, wie ein dir nahestehender Mensch dich herausfordert. Was hörst du dich über diese Person immer wieder sagen? Wo erlebst du Stress mit ihr? Schreibe ein Arbeitsblatt „Urteile über deinen Nächsten" über sie und bearbeite es.

Wenn du noch tiefer gehen willst, beantworte die Fragen im vierten Abschnitt dieses Kapitels. Sie zeigen dir eine Liste von Themen, die du in nächster Zeit angehen kannst, um mehr Klarheit und Offenheit in deiner Beziehung zu finden.

Lebe da, wo du Ansprüche an deine Lieben hast, die Umkehrungen!

>»Der Lehrer, den du brauchst,
>ist die Person, mit der du lebst.«

Byron Katie

15 Er/Sie liebt mich nicht – Versöhnung mit dem, was ist

Wie schön und nährend ist es doch, sich geliebt zu fühlen! Wird uns Liebe entzogen, ist das wohlige Gefühlsbad schnell zu Ende und das Gedankenkarussel setzt ein. Wir fühlen uns ungeliebt, und oft verlassen wir uns auch noch innerlich. Die Untersuchung des Bedürfnisses, geliebt zu werden, lässt uns dem Mysterium der Liebe näherkommen.

Die meisten Menschen haben feine Antennen, die ihnen melden, ob ihre Mitmenschen ihnen wohlgesinnt oder abgeneigt sind. Oftmals schießen wir mit unseren Annahmen aber über das Ziel hinaus und interpretieren Dinge in andere hinein, die wenig mit der Wirklichkeit zu tun haben.

Fühlen wir uns ungeliebt, so fallen wir leicht in alte Verhaltensmuster aus der Kindheit zurück und reagieren entsprechend hilflos und unreif. Im Nachhinein, wenn wir die Situation aus einiger Distanz unter die Lupe nehmen, verstehen wir unser Verhalten oft selbst nicht mehr. Die Unterfrage **Welche Bilder aus der Vergangenheit siehst du, wenn du diesen Gedanken glaubst?** kann zum Ursprung eines frühen Musters führen und aufzeigen, wo und wie dieses Verlangen nach Liebe seinen Anfang genommen hat.

Sensibilisiere dich in den folgenden Tagen für deine Suche nach Liebe. Beobachte, in welchen Situationen du dich ungeliebt fühlst oder fühltest. War es, als dein Mann statt in der Küche mit anzupacken aufs Fahrrad stieg und losfuhr? Oder als er dich kritisierte? Empfandest du so, als deine Frau nur meckerte, dass du nicht aufgeräumt hattest, zu spät oder zerstreut warst, und als sie wieder nicht mit dir schlafen wollte? In welchen Situationen denkst du, dass ein Mensch, der dir etwas bedeutet, dich nicht liebt oder nicht mag? Schreibe es auf.

Fühlen wir uns ungeliebt von einem Menschen, der uns wichtig ist, geraten wir leicht in eine Abwärtsspirale: Die Enttäuschung, von der anderen Person nicht die erwartete Zuwendung zu erhalten, bewirkt ein Gedankenkreisen, das uns den Zugang zu unserem Herzen verwehrt. Da der Mangel an Liebe sich schlecht in uns anfühlt, versiegt auch der Fluss der Selbstliebe.

„Die Suche nach Liebe hindert uns zu erkennen, dass wir sie bereits haben – dass wir Liebe sind", sagt Byron Katie. In meinen Untersuchungen mit den vier Fragen entdecke ich immer wieder, wie meine Überzeugungen mich von der Liebe in meinem Inneren abschneiden, wie sich durch meine Gedanken mein Herz verschließt, und wie viel besser ich mich fühle, wenn der Zugang zur Liebe in mir frei ist!

Übung: Beachte, in welchen Situationen du von einer dir wichtigen Person denkst, dass sie dich nicht liebt, oder wo du bei einem Menschen glaubst, dass er dich nicht mag. Schreib es auf. Wenn du keine aktuellen Situationen findest, nimm Ereignisse aus der Vergangenheit, in denen du dich ungeliebt fühltest.

Untersuche nun jeden Tag den Satz: *Er/Sie/Das Leben/Gott liebt/ mag mich nicht.* Wähle täglich eine andere Situation aus, in der du das gedacht hast. Es kann sich dabei um Situationen mit verschiedenen Menschen handeln. Während du die Fragen beantwortest, behalte stets den gewählten Moment vor Augen. Was erkennst du im Zusammenhang mit deiner Suche nach Liebe?

> »Wir sind Liebe, und es gibt nichts,
> was wir dagegen tun könnten.
> Unser Wesen – das, was wir ohne unsere
> Geschichten sind – ist Liebe.«
>
> Byron Katie

16 Die Umkehrungen leben – Wenn das Herz überfließt

Unsere Arbeitsblätter enthalten unser persönliches Rezept zum Glück. Die konkreten Hinweise dazu finden wir in den Umkehrungen. Sie kommen allerdings erst dann zum Tragen, wenn wir sie auch leben. Wie setzen wir um, was wir in der Untersuchung erkannt haben? Hier lernen wir Strategien, die Umkehrung in unser Leben zu integrieren.

Schreibe ein Arbeitsblatt „Urteile über deinen Nächsten" über eine Situation, in der ein dir nahestehender Mensch dich enttäuscht, missachtet oder übergangen hat. Es lohnt sich, es sorgfältig auszufüllen. Nimm dir vor allem Zeit bei Punkt 3: Welchen Rat würdest du ihm/ihr anbieten? Versuche möglichst konkrete Ratschläge zu geben, die von der Person auch gehört und umgesetzt werden könnten. Wohlwollende Vorschläge, die dir bringen würden, was du dir wünschst.

Nachdem du deine Gedanken untersucht hast, finde eine Umkehrung, die ins Schwarze getroffen und dich berührt hat. Lebe sie in den kommenden Tagen. Wähle einen positiv formulierten Satz, etwas Machbares, das du auch umsetzen kannst. Solche Sätze finden sich in Punkt 1, 2, 3 oder 4 des Arbeitsblattes. Zum Beispiel:

Pia sollte sanft mit mir sein.

Ich sollte sanft mit mir sein. Nicht so streng mit mir, wenn Pia mich zurechtweist.

Ich sollte sanft mit ihr sein.

Ich will, dass Pia mir sagt, was sie will.

Ich will, dass ich mir sage, was ich will. Ja, dass ich mich wirklich frage und es kommuniziere.

Ich will, dass ich ihr sage, was ich will. Ihr und anderen.

Ich brauche von Pia, dass sie meinen Einsatz würdigt.

Für mein Glück brauche ich, dass ich meinen Einsatz würdige.

Für mein Glück brauche ich, dass ich ihren Einsatz würdige.

Die gelebte Umkehrung ist der Zugang zu einem glücklicheren Leben. Wir können uns in unzähligen Weisen darin unterstützen, sie zu festigen. Im ersten Schritt tun wir dies mit den drei echten Beispielen, die wir für jede Umkehrung finden. Diese suchen wir im Zusammenhang mit der konkreten Situation.

Weitere Schritte zur Integration einer Umkehrung sind, sie auf Post-it Zetteln zu notieren, anderen von unseren Erkenntnissen zu erzählen oder auf die kommenden Tage zu schauen mit den Fragen: Wo laufe ich Gefahr, in mein altes Verhaltensmuster zurückzufallen, und was kann ich konkret tun, um meine Umkehrung zu leben? Im Finden der konkreten Beispiele wirst du erleben, wie dein Herz sich öffnet und deine Liebe wieder fließen kann.

Es ist auch kraftvoll, eine Geste, Bewegung oder Körperhaltung zu finden, die zum Ausdruck bringt, was die gewählte Umkehrung vermittelt. Wir können dann tagsüber bewusst mehrmals diese Haltung einnehmen.

Übung: Fülle ein Arbeitsblatt „Urteile über deinen Nächsten" zu dem im zweiten Abschnitt beschriebenen Thema oder zu einer aktuellen Stress-Situation aus. Nachdem du deine Gedanken untersucht hast, wähle eine Umkehrung aus, um sie in dein Leben zu integrieren. Wie fühlt sich die Umkehrung in dir an? Wie und wo kannst du sie in den kommenden Tagen umsetzen? Wo könnte dies eine Herausforderung für dich sein?

Führe Tagebuch über die Umsetzung der Umkehrung. Nimm dein Glück in die Hand!

»Die Umkehrungen vermitteln ein
starkes neues Bewusstsein.
Die Selbsterkenntnis ist aber nicht vollständig,
solange sie nicht in Handeln umgesetzt wird.
Lebe deine Umkehrungen!«

Byron Katie

Sequenz 5 Familienbande

»Die Wellen der Vergangenheit kommen
und testen, ob es noch etwas gibt,
an dem du festhältst oder das du ablehnst.«

Byron Katie

17 Der weibliche Ursprung – Begegnung mit der Mutter

Unter ihrem Herzen hat sie dich ausgetragen. Vielleicht an ihrer Brust gestillt. Wer ist sie, deine Mutter? Kennst du deine leibliche Mutter nicht, wer war die weibliche Person, die dir in deiner Kindheit am nächsten war: eine Großmutter, Stiefmutter, die Betreuerin im Heim oder die Bezugsperson in der Pflegefamilie? Wie hat sich eure Beziehung über die Jahre entfaltet, und was für einen Bezug hast du heute zu ihr? Ganz gleich, ob sie noch lebt oder nicht, mit THE WORK kann sie dich auch heute an tiefere Erkenntnisse heranführen. In diesen Tagen wenden wir uns ihr und der weiblichen Ahnenlinie zu.

Mir gefällt die Vorstellung, dass eine kleine Seele auf die Erde schaut und denkt: „Die Zwei da unten, da will ich hin. Bei denen werde ich genau das bekommen und lernen, was ich brauche. Da kann ich wachsen und mich entfalten. Und ja, es wird wohl nicht immer ganz einfach sein, aber genau die Zwei, die sind es!" Und, schwupps, da hat sich die kleine Seele auch schon im Mutterleib eingenistet und wächst von Tag zu Tag heran. Was für eine selbstverantwortliche Sichtweise, von allem Anfang an!

Betrachten wir die eigenen Eltern eingebettet in ihre Herkunft, können wir für viele ihrer Verhaltensweisen Verständnis aufbringen, und wir arrangieren uns mit ihnen: Auch sie hatten Eltern, Geschwister, ein mehr oder weniger freundliches Umfeld und Erlebnisse, die sie geprägt haben. Geraten wir jedoch in einen Konflikt mit ihnen, kann dieser Weitblick schnell verloren gehen. Wut, Enge und Trauer treten an seine Stelle.

Manche Menschen verherrlichen ihre Eltern und idealisieren ihre Kindheit. Andere verteufeln sie und können kaum ein gutes Haar daran finden. In beidem sind wir unfrei. Für den inneren Reifeprozess braucht es die Bereitschaft, sich differenzierter mit der eigenen Geschichte auseinanderzusetzen. Tun wir es nicht, geschieht früher oder später, was Byron Katie so schön sagt: „Die Wellen der Vergangenheit kommen und testen, ob es noch etwas gibt, an dem du festhältst oder das du ablehnst."

Schau zurück in deine Kindheit! Durchforsche die Beziehung zu deiner Mutter. Entdeckst du in dir noch leise Schuldzuweisungen ihr gegenüber, sind da unerfüllte Erwartungen und Vorwürfe? Oder hast du unterschwellige Schuldgefühle, dass du dich zu wenig kümmerst und ihr zu viele Probleme bereitest? Suchst du noch immer nach ihrer Anerkennung? Musst du täglichen Kontakt mit ihr haben? Erlaubst du ihr, sich in deine Beziehungsprobleme einzumischen oder deine Probleme für dich zu lösen? Springst du sofort, wenn du glaubst, dass sie dich braucht? Wie hat sie dich irritiert, verletzt oder enttäuscht?

Hat noch keine klare Ablösung von deiner Mutter stattgefunden, sind die Untersuchungen ihrer Person in deinen Arbeitsblättern ein kraftvoller Weg in die Unabhängigkeit und Selbständigkeit.

Übung: Tauche in diesen Tagen in die Beziehung zu deiner Mutter ein und notiere die ungelösten Themen. Geh von einer spezifischen Stress-Situation aus und schreibe ein Arbeitsblatt „Urteile über deinen Nächsten" über deine Mutter. Untersuche deine Überzeugungen und wähle eine Umkehrung aus, auf die du in den folgenden Tagen dein Augenmerk richten willst, so wie in Kapitel 16 beschrieben.

»Was mich verletzt ist nicht,
wie meine Mutter mich behandelt;
was mich verletzt ist,
wie ich meine Mutter behandle.«

Byron Katie

18 Der männliche Ursprung – Begegnung mit dem Vater

Wer ist oder wer war dein Vater, dein Pflege- oder Stiefvater? Das Bild, das wir von ihm haben, mit all seinen mehr oder weniger markanten Aussagen, die sich uns eingeprägt haben, wirkt noch lange nach dem Auszug von zu Hause nach. Es beeinflusst bei Söhnen ihre Identität als Mann und bei den Töchtern die Partnerwahl. Da, wo Verletzungen entstanden sind, wo Konflikte nicht ausgetragen wurden und die Ablösung nur partiell stattgefunden hat, liegt Potenzial zu weiterem Wachstum. Packen wir es an!

Was mich bei THE WORK von Anfang an fasziniert hat, ist die Tatsache, dass wir nicht in der Vergangenheit graben müssen, um Selbsterkenntnis zu erlangen. Wir können ein beliebiges aktuelles Thema aufgreifen, und früher oder später kommen wir automatisch an den Ursprung unheilsamer Muster, sofern wir uns für die ehrlichen Antworten aus unserem Inneren öffnen. Folgende Unterfragen zu Frage 3 unterstützen uns dabei: **Welche Bilder aus der Vergangenheit siehst du, wenn du diesen Gedanken glaubst? Wann hast du diesen Gedanken zum ersten Mal gedacht?** Sie können zu frühen Situationen mit Vater oder Mutter führen und den Grundstein blockierender Verhaltensweisen freilegen.

In fast allen längeren THE WORK-Kursen bietet sich die Gelegenheit, ein Arbeitsblatt „Urteile über deinen Nächsten" über einen Elternteil zu schreiben. Als Kursleiterin fülle ich jedes Mal mein eigenes Arbeitsblatt aus. Ich sitze im Kreis der Teilnehmenden und schaue zurück in die Vergangenheit, in die Zeit, als meine Eltern noch lebten. Dann warte ich, bis etwas auftaucht. Irgendeine Situation zeigt sich immer. Ich habe gelernt zu vertrauen und über das Erstbeste zu schreiben, das mir einfällt. Interessanterweise hat das, worüber ich schreibe, immer eine Relevanz für eine aktuelle Situation und zeigt mir Parallelen in meinem Verhalten damals und heute auf.

Durchforsche deine Beziehung zu deinem Vater oder deinen männlichen Bezugspersonen! Wenn du magst, beginne in der Kindheit und lass all die Jahre bis heute vor deinem inneren Auge vorüberziehen. Notiere schmerzhafte Ereignisse, die du mit deinem Vater verbindest. Wo hat er dich nicht gesehen, fälschlicherweise beschuldigt, überfordert? Was hat dich irritiert, verletzt und enttäuscht? War der Vater zu dominant, gewalttätig oder lieblos? Zu oft abwesend? Hat er dich nicht ernst genommen oder nur abwertend kritisiert? War er ein Weichling, ein Pantoffelheld und kein Vorbild für dich? Hast du dir eigene Meinungen gebildet oder fraglos seine Wertvorstellungen übernommen? Richtest du deine Entscheidungen nach seinem Maßstab aus?

Du kannst auch eine Generation weiter zurückgehen. Vielleicht hattest du einen dominanten Großvater, von dem dir nur seine Aggressivität in Erinnerung geblieben ist. Väter, Großväter und auch Onkel und Stiefväter, die in unserem Umfeld leben und lebten, prägten unser Männerbild und bieten Arbeitsmaterial.

Übung: Wähle ein belastendes Ereignis aus, das du mit deinem Vater oder Ersatzvater erlebt hast. Notiere in zwei, drei Sätzen, wie alt du bist, wo du bist und was genau bei dir Verzweiflung, Wut, Ärger oder Stress ausgelöst hat. Dann fülle ein Arbeitsblatt „Urteile über deinen Nächsten" zu dieser Situation aus und bearbeite es.

»Wenn man keinen guten Vater hat, so soll man sich einen anschaffen.«

Friedrich Wilhelm Nietzsche

19 Vom Mangel in die Fülle – Frieden mit der eigenen Herkunft

Was hättest du als Kind oder Teenager von deinen Eltern gebraucht? Was hast du vermisst? Fällt es dir schwer oder verbietet dir die Loyalität zu ihnen, einen Blick auf den Idealzustand zu werfen, so lade ich dich ein, es dennoch zu wagen. In meiner Erfahrung kann dies die Beziehung zu ihnen und zu dir selbst nur stärken.

Schau zurück auf deine Kindheit, deine Eltern und die ganze Herkunfts-familie. Nimm allenfalls die Notizen aus den letzten beiden Kapiteln zu Hilfe. Was hätten dir nahestehende Familienmitglieder besser machen können? Was hat dir gefehlt? Lass deinen unerfüllten Bedürfnissen und Wünschen freien Lauf. Bringe sie unzensiert aufs Papier. Geh dabei von konkreten Situationen aus:

An Weihnachten, als Mutter beim Streit mit Vater mit Auszug drohte, hätte ich von ihr gebraucht, dass sie mir ein sicheres Zuhause bietet.

Als ich an jenem Tag von der Schule heimkam, hätte ich gebraucht, dass sie mich tröstet.

Im Restaurant mit ihr und meinen Kindern, hätte ich gebraucht, dass sie uns Fehler und Missgeschicke zugesteht.

In der Umkehrung eines Satzes zu uns selbst können wir manchmal nicht sehen, wie wir uns selbst geben können, was wir gerne von anderen erhalten hätten. Wir haben jedoch klare Vorstellungen davon, wie *sie* es uns hätten geben können. Um genauere Hinweise für uns zu erhalten, können wir folgendermaßen vorgehen:

Frage zum oben genannten Beispiel: *Ich brauche von Mutter, dass sie mir ein sicheres Zuhause bietet.* Wie genau würde das aussehen? Notiere alle Antworten. *Bei einem Streit mit Vater sollte sie nicht die ganze Beziehung in Frage stellen. Sie sollte mir sagen, sie sei immer für mich da, sie lasse mich nicht im Stich, sie liebe mich, was immer passiere, im Zorn geäußerte Worte seien nicht als bare Münze zu nehmen.*

Kehre den Satz zu dir um: *Für mein Glück brauche ich, dass ich mir ein sicheres Zuhause biete (in mir).* Wie genau kann ich das tun? Nun lies, Satz für Satz, was du notiert hast, und lasse es auf dich wirken. *Indem ich bei Streit nicht die ganze Beziehung (zur anderen Person und zu mir selbst) in Frage stelle. Indem ich mir sage, ich bin immer für mich da, ich lasse mich nicht im Stich, ich liebe mich, was immer passiert, im Zorn geäußerte Worte sind nicht als bare Münze zu nehmen.*

Was wir an unseren Eltern und Ahnen zu bemängeln haben, bindet uns an sie und an die Vergangenheit, und es kreiert in uns einen Mangelzustand. Mit Vorwürfen halten wir uns selbst in einer Bedürftigkeit gefangen und geben ihnen Macht über unser Wohlbefinden – weit über die Kindheit hinaus. In unseren Überzeugungen können wir entdecken, was wir uns selbst bisher nicht geben und wo wir mit unserer Herkunftsfamilie knausrig sind.

Übung: Schreibe eine Liste von Dingen, die du von Vater, Mutter oder anderen Familienmitgliedern nicht bekommen hast. Wähle ein Beispiel, das dich besonders interessiert, und notiere wie oben die Antworten auf die Frage, *wie genau* die Person es dir hätte geben sollen. Untersuche den Satz, und lies bei der Umkehrung auf dich deine „Wie genau"-Liste. Es ist eindrücklich, welche sinnvollen Vorgehensweisen wir auf diesem Weg für uns finden. Gib nun dir und anderen genau das, tritt aus dem Mangel in die Fülle.

>»Ich hörte auf zu warten,
>dass mir die Welt gibt, was ich will.
>Ich fing an, es mir selbst zu geben.«
>
>Byron Katie

20 Von nichts kommt nichts – Mantren aus Kultur und Familie

Was du nicht weißt, macht dich nicht heiß. Doch was dir nicht bewusst ist, steuert dein Leben manchmal in eine Achterbahn. In diesen Tagen gehen wir Sprichwörtern und Redensarten nach, die in Familie und Freundeskreis kursierten und die unser Leben nachhaltig und nicht immer positiv mitgeprägt haben.

Wer sich immer tiefer auf THE WORK einlässt, der entdeckt Grundüberzeugungen, die wie Wahrheiten behandelt werden. Alle Menschen scheinen sie zu glauben, und es kommt kaum jemandem in den Sinn, sie in Frage zu stellen. Oft haben sich solche Überzeugungen als Sprichwörter und Redensarten etabliert.

Es gibt unzählige Arten von Sprichwörtern und Redensarten. In meiner Recherche sind mir ebenso motivierende – *Frisch gewagt ist halb gewonnen* – wie entmutigende begegnet – *Bei dir ist Hopfen und Malz verloren.* Da gibt es moralisch anmutende: *Einer trage des anderen Last* oder *Geben ist seliger denn Nehmen.* Auch kämpferische: *Angriff ist die beste Verteidigung.* Und es gibt paradoxe: *Eile mit Weile.* Manchmal widerspricht ein Spruch dem anderen: *Was Hänschen nicht lernt, lernt Hans nimmermehr* vs. *Besser spät als nie.*

Manche Redensarten amüsieren durch ihren Sprachwitz oder ihre Doppeldeutigkeit: *Wer gackert, muss auch ein Ei legen. Geschmierte halten sich gerne für Gesalbte. Gott lässt genesen, der Arzt kassiert die Spesen. Nach den Flitterwochen kommen die Zitterwochen. Hoffnung ist die Wiese, auf der die Narren grasen.*

Als nicht sehr groß gewachsene Person habe ich mich gern folgender Sprichwörter bedient: *Klein aber fein.* Und: *In der Kürze liegt die Würze.* Mit *Reden ist Silber, Schweigen ist Gold* bin ich zu einer schweigsamen Person geworden. Der Spruch *Früh übt sich, wer ein Meister werden will* nimmt mir die Motivation, jetzt noch gewisse Dinge im Leben anzupa-

80

cken. Die Redensart *Man soll den Tag nicht vor dem Abend loben* hat mich zu einer Person werden lassen, die nur mit großer Vorsicht etwas glaubt, das noch nicht gesichert ist.

Besonders geprägt haben mich aber zwei Kategorien von Sprichwörtern. Die eine liegt im Bereich der Arbeit: *Erst die Arbeit, dann das Vergnügen. Wer rastet, der rostet.* Trotz *Was du heute kannst besorgen, das verschiebe nicht auf morgen* bin ich nie mit der Arbeit fertig geworden und in einer Lebensphase auch beinahe in einem Burnout gelandet. Lange glaubte ich auch: *Von nichts, kommt nichts.* Doch ich habe die bereichernde Erfahrung gemacht, dass gerade im Müßiggang und im Nichtstun kreative Impulse auftauchen, die sich zu etwas Großartigem entfalten können.

Die zweite Kategorie hat mein Selbstwertgefühl mitgeprägt: *Hochmut kommt vor dem Fall und Eigenlob stinkt.* Von mir leider falsch interpretiert, haben diese beiden Redensarten lange verhindert, dass ich meine Qualitäten und Fähigkeiten selbst würdigen und wertschätzen konnte.

Übung: *Warte nie, bis du Zeit hast!* Notiere dir in diesen Tagen Sprichwörter und Redensarten, die in deinem Zuhause und Umfeld gängig waren und die dich möglicherweise nicht zu deinem Vorteil geprägt haben. Um die richtig weisen Sprüche unter den Redensarten geht es hier nicht!

Gehe mit den Sprichwörtern in die Untersuchung. Bei der dritten Frage *Wie reagierst du, was passiert, wenn du diesen Gedanken glaubst?* betrachte auch, wie du dein Leben unter dem Einfluss der jeweiligen Redensart gelebt hast.

»Hätte, Wenn und Aber, alles nur Gelaber.«

Sprichwort

Sequenz **6** **Glückskinder**

»Niemand kann dich verletzen,
das ist dein Job.«

Byron Katie

21 Vorwärts in die Kindheit – Die Wunden der Vergangenheit

Es drängt sich immer wieder in unser Leben, unser verletztes oder überfordertes inneres Kind. Überreaktionen und heftige Emotionen im Alltag deuten darauf hin, dass es in Aktion tritt. Auf solche Verhaltensweisen folgen meist Selbstbeschuldigungen und Selbstablehnung. Das innere Kind bleibt dabei unverstanden auf der Strecke. In diesen Tagen nehmen wir es liebevoll an die Hand und laden es ein, uns von seinem Schmerz und Leid zu erzählen.

Vermutlich ist dir dein inneres Kind bereits in den Kapiteln über Vater und Mutter in der Sequenz „Familienbande" begegnet. In Kapitel 19 „Vom Mangel in die Fülle" haben wir ihm über den emotionalen Mangel einen Zugang zu den eigenen Ressourcen eröffnet.

Auch die besten Eltern können nicht verhindern, dass ihr Kind Schmerzen erleidet. Wie tiefgehend und weitgreifend diese sind, hängt mit dem Schweregrad und der Dauer einer Verletzung zusammen, mit der Empfindsamkeit des Kindes und mit der Unterstützung, die es durch sein Umfeld erfährt. Manchmal haben wir als Erwachsene kaum noch einen Zugang zu Erinnerungen an die Kindheit. Dort, wo traumatische Erlebnisse vorliegen, kann das innere Kind sogar gänzlich abgespalten sein. In den Untersuchungen mit THE WORK können die Erinnerungen wieder auftauchen, wenn die Zeit dazu reif ist.

Kennst du dein inneres Kind? Bist du vertraut mit den Triggern, die es auf den Plan rufen? Wenn ich Menschen durch ein Arbeitsblatt „Urteile über deinen Nächsten" begleite, sehe ich manchmal unvermittelt ein Kind vor mir sitzen. Die Unterfrage zur dritten Frage **Welche Bilder aus der Vergangenheit siehst du, und welche körperlichen Empfindungen tauchen auf, wenn du Zeuge dieser Bilder wirst?** kann ein Türöffner zu frühen Erinnerungen sein. Zeigen sich dabei tiefe Verzweiflung, Einsamkeit und eine große Hilflosigkeit des verletzten Kindes, mag es sinnvoll sein, dich später von einem Coach deines Vertrauens zu diesem Thema begleiten zu lassen.

Mit der vierten Frage *Wer wäre ich ohne den Gedanken?* kommen wir zurück ins Jetzt und können für uns da sein. Eine gesunde Distanz zum Geschehen ergibt sich, wir fühlen uns klarer und ermutigt, Eigenverantwortung zu übernehmen. Im Rahmen der Untersuchung eines Arbeitsblattes gehen wir mehrmals durch den Prozess der Beantwortung der vier Fragen und der Umkehrungen. Wir berühren dabei jedes Mal unseren Schmerz und erfahren unsere Ressourcen. Mit jedem neuen Gedanken, der untersucht wird, wächst so das Verständnis und die Liebe für uns und das innere Kind.

Übung: Gehe in diesen Tagen zurück in deine Kindheit, zu deinen ersten Erinnerungen. Nimm dein inneres Kind an die Hand, öffne ihm dein Herz und begleite es durch die Jahre. Lass dir von seinem Schmerz erzählen. Vielleicht kommen nur vage Erinnerungen. Das ist okay. Schreibe ein Arbeitsblatt „Urteile über deinen Nächsten" über eine Situation in der Kindheit, in der dich jemand verletzt hat, und untersuche deine Überzeugungen über diese Person. Falls du keinen Zugang zu frühen Erinnerungen hast, schreibe ein Arbeitsblatt über eine Person, die besonders heftige Emotionen in dir weckt. Wähle eine spezifische Situation und stelle die oben erwähnte Unterfrage nach den Bildern der Vergangenheit.

»Das schönste, was eine Fee einem Kind in die Wiege legen kann, sind Schwierigkeiten, die es überwinden muss.«

Alfred Adler

22 Ich will nur dein Bestes –
Sorgen entlarven

Gehörst du auch zu den Eltern, die für ihre geliebten Kinder nur das Beste wollen oder wollten? Vielleicht hast du keine eigenen Kinder, aber einen Mann/eine Frau oder andere Menschen in deinem Umfeld, um die du dich zuweilen sorgst und für die du nur das Beste willst. Der Haken daran ist nur: Können wir letztlich wissen, was für einen anderen Menschen das Beste ist?

Strahlende, selbstvergessene und zufriedene Mitmenschen, speziell Kinder, sind herzerfrischend. Was aber bewirken sie bei uns, wenn sie im Elend sind? Muss es ihnen gut gehen, damit es uns gut geht? Es ist verständlich, dass es schmerzt, wenn unsere Nächsten leiden. Oft geraten wir jedoch bereits in Sorge, wenn sie noch nicht einmal in Not sind. Aufgrund eigener schwieriger Erfahrungen wollen wir sie vor derselben Misere bewahren und versuchen, präventiv auf sie einzuwirken. Bei Kindern haben wir Angst, dass sie in schlechte Gesellschaft geraten, keinen Beruf erlernen, erkranken, dass ihnen etwas zustößt: „Pass auf! Nimm dich in Acht vor …!" Die Sorge um sie kann sich für Eltern bis an ihr Lebensende fortsetzen und sich auf erwachsene, ja vielleicht bereits alternde „Kinder" beziehen.

Welches sind die Menschen in deinem Leben, um die du dich sorgst? Was macht dir Angst in Bezug auf dein Kind, einen geliebten Menschen oder die politische Lage im Land? Schreibe eine Liste: *Ich bin besorgt um …, weil …*

Das Kind oder dein Mitmensch sollte nicht leiden, ist das wahr? In den Untersuchungen meiner Sorgen habe ich entdeckt, dass ich sofort mitleide, wenn ich glaube, meine Sorgen seien berechtigt. Ich begebe mich dann in die Angelegenheit des anderen, und es wird schwer in mir, drückend. Mit dieser Sorgenenergie bin ich keine Unterstützung. Ich hadere mit dem Schicksal, will die Befindlichkeit des Gegenübers ändern und signalisiere somit, dass er oder sie nicht okay ist. Schlimmstenfalls beginnt das Kind seine Gefühle zu unterdrücken, damit es der Mutter wieder besser geht.

Als meine Tochter bedrückt von einem Streit in der Schule erzählte, hörte ich bloß aufmerksam zu. Wenig später hörte ich sie in der oberen Etage singen. Ein Kind will gesehen und gehört werden. Das Schönste, was wir einem Menschen schenken können, ist unsere vorurteilsfreie Präsenz, ein offenes Herz und Vertrauen.

Kann ich meinen Nächsten ihre Schwierigkeiten zugestehen? „Umfallen, aufstehen, Krönchen richten, weitergehen", heißt ein ermunternder Spruch. Wir wollen nur ihr Bestes. Doch besser ist es, ihnen ihr Bestes selbst zu überlassen. Lassen wir sie erfolgreich scheitern!

Übung: Was macht dir aktuell Sorgen bei ...? Wähle eine dir nahestehende Person. Schreibe eine Liste:

Es ginge ihm/ihr besser, wenn ...

- *sie sich bei der Arbeit weniger aufopfern würde.*
- *sie weniger perfektionistisch wäre.*
- *sie keine Überstunden machen würde.*
- *sie sich klar abgrenzen würde.*
- *sie sich weniger über Leistung definieren würde.*
- *...*

Untersuche so viele der Sätze, wie du magst. Lies zum Schluss deine Liste, indem du nur den ersten Teil des Satzes ins Gegenteil oder auf dich umkehrst: *Es ginge ihr schlechter, wenn ...* Und: *Es ginge mir besser, wenn ...*

Es ginge ihr schlechter, wenn sie sich weniger aufopfern würde.

Es ginge mir besser, wenn ich mich weniger aufopfern würde.

Öffne deinen Geist!

> »Das Gegenteil von gut ist nicht böse, sondern gut gemeint.«

Kurt Tucholsky

23 Bitte nicht helfen! – Hilflos glücklich

Helfen kann schön, schwierig oder verrückt sein. In diesen Tagen nehmen wir unsere Hilfsbereitschaft unter die Lupe und ergründen mit THE WORK, ob unsere Hilfe letztlich ein Gewinn ist und wenn ja, für wen: für den Empfangenden oder für uns selbst?

Schön, ja wunderbar kann es sich anfühlen, wenn wir uns nützlich machen und anderen einen Gefallen tun können – beim Umzug, im Garten oder bei einer anderen Tätigkeit. Das gemeinsame Wirken verbindet, man lernt sich auf eine neue Weise kennen und die Arbeit ist leichter getan. Wie schön ist es, danach beim Gegenüber Freude und tiefe Dankbarkeit zu spüren. Vielleicht ist es einfach eine Bewegung von Herz zu Herz und eine Win-win-Situation für alle Beteiligten.

Schwierig wird es, wenn wir bei vollem Terminkalender um Hilfe gebeten werden. Auch Ehrenämter haben wir schon mehrere, und eigentlich ist es genug. Suchen wir aber auf diesem Weg nach Bestätigung, kann es uns beinahe unmöglich sein, Nein zu sagen. Wir opfern uns auf – manchmal bis wir krank werden. Die Frage, die sich da aufdrängt, ist: Bieten wir unsere Hilfe aus der Fülle heraus an oder aus einem Mangel an Selbstliebe und Selbstanerkennung? Meine Devise lautet deshalb: Leiste nur so viel Freiwilligenarbeit, wie du, ohne ein Dankeschön zu erwarten, leisten magst. Soweit die Devise, und wie oft bin ich dennoch in die Falle getappt: Ich fühlte mich wichtig und geschmeichelt, wenn jemand mich um Hilfe bat.

Richtig verrückt wird es zuweilen in der internationalen Entwicklungshilfe. An vielen Beispielen zeigt die Afrikanische Ökonomin Dambisa Moyo in ihrem Buch *Dead Aid* auf, wie die fremde „Hilfe" zur Verarmung der Bevölkerung beigetragen und Eigeninitiative geschwächt hat.

Auch schon in unserem vergleichsweise kleinen Lebenskreis kann die Untersuchung von Überzeugungen im Zusammenhang mit „helfen wollen oder müssen" erhellend sein. Wenn wir glauben, jemand brauche unsere Hilfe, stellen wir uns oftmals über diese Person. Wir benutzen sie, um unser Ego zu stärken, uns besser, wertvoller, wichtiger zu fühlen. Möglicherweise entmündigen wir sie sogar, indem wir ihr eigene Entwicklungsschritte vorenthalten. Wir trauen ihr nicht zu, es selbst zu schaffen, und damit unterstützen wir ihre „Hilflosigkeit".

Ich wollte mein Kind vor einer leidvollen Erfahrung bewahren und habe erst zu der schmerzlichen Einsicht kommen müssen, dass ich durch mein „hilfreiches" Tun genau die Verunsicherung mit verursachte, die ich bei ihm hatte verhindern wollen. Meine Erkenntnis? – Bitte nicht helfen, es ist so schon schlimm genug!

Die Auseinandersetzung mit dem Thema „Helfen" hat mich demütig gemacht. Kann ich stattdessen für meine Mitmenschen einfach ganz da sein, ohne meine Schwächen und Grenzen wegzudrücken, in einer Begegnung von Wesen zu Wesen?

Übung: Beobachte in diesen Tagen deine Hilfsbereitschaft und untersuche mindestens zwei Sätze zum Thema „Helfen". Finde eine Situation, in der du gedacht hast, eine andere Person brauche deine Hilfe, und untersuche: *Er/Sie braucht meine Hilfe. Ist das wahr?*

Finde dann eine Situation, in der du bei jemandem gedacht hast: *Ich kann/muss ihm/ihr helfen.*

Verwende jeweils das Arbeitsblatt „Untersuche eine Überzeugung". Was entdeckst du?

>»‚Lass dir aus dem Wasser helfen‘,
sagte der fürsorgliche Affe und legte
den Fisch auf einen Ast.«

Autor unbekannt

24 Rollenspiele – Abschied von Ansprüchen

Kinder lieben es, spielerisch in verschiedene Figuren zu schlüpfen und sich darin zu erproben. Im Verlauf der Jahre haben wir uns ein beachtliches Repertoire an Rollen angeeignet, die wir mehr oder weniger bewusst einnehmen. Es lohnt sich, eine Zwischenbilanz zu ziehen und zu überprüfen, wie gut sie uns liegen und ob sie vielleicht überholt sind. Mit THE WORK korrigieren wir überholte Spielregeln und verabschieden Ansprüche, die uns nicht mehr entsprechen.

Die meisten Kinder spielen „Ich wäre gern ein/eine ...". Sie erproben sich als Prinzessin, als armes Kind, als Braut, Rennfahrer, Sängerin, Inselbewohner und natürlich in den Rollen ihrer Lieblingsfernsehheldinnen und -helden. Auch wir nehmen im Verlauf der Jahre unmerklich unterschiedliche Rollen ein: familiäre, die der Geliebten, des Vorgesetzten, der Reiseleiterin, des Clowns, des Lastenträgers, des Beschwichtigers und viele weitere.

Nimm dir einen Moment Zeit, um zu notieren, welche Rollen du gegenwärtig in deinem Leben innehast! Wie bist du in die eine oder andere Rolle hineingewachsen? Wer waren deine Vorbilder? Hast du dir in diesem Prozess bewusst oder unbewusst hohe Ziele gesteckt, mit Ansprüchen, die schwer zu erreichen sind?

Nun setz dich auf eine Wolke und schau von oben auf dein Leben. Wo fühlst du dich frei, um zu improvisieren und zu experimentieren? Welchen Part kannst du lustvoll, mit Humor, Freude und Leichtigkeit spielen? Und gibt es Rollen, die dir nicht behagen, in denen du dich nicht zu Hause fühlst und die du am liebsten ablegen würdest? Rollen, mit denen du vielleicht allzu identifiziert bist, in denen du keine Bewegungsfreiheit hast und die du mit tierischem Ernst lebst?

Es gibt Paare, die sich über Jahre wunderbar verstehen. Kaum heiraten sie, beginnt die Misere. Das angelernte Rollenverhalten aus dem Elternhaus setzt sich durch und kann in eine tiefe Krise führen, die manche Ehepaare nicht bewältigen.

Eine Herausforderung ist, dass die Rollen sich je nach Lebensphase verändern. Mit sieben Jahren ist es völlig anders, Tochter zu sein, als mit dreißig oder fünfzig Jahren. Mit dreißig war ich selbst schon Mutter. Als Fünfzigjährige betreute ich meinen an Demenz erkrankten Vater und war wie eine Mutter für ihn. Vielleicht gibt es Rollen, die du brennend gerne ablegen oder verändern möchtest. Werde zum Schöpfer oder zur Gestalterin deines Lebens! In der folgenden Übung kannst du einen Schritt in diese Richtung tun, indem du einen neuen Umgang mit einer Rolle findest.

Übung: Notiere all die Rollen, die du in deinem Leben innehast, sowohl die erfreulichen und lustvollen, wie auch die anstrengenden. Es könnte eine ganze Menge sein.

Wähle die Rolle, die dir zurzeit am wenigsten behagt oder in der du unzufrieden mit dir bist. Wenn du das Gefühl hast, eine schlechte Tochter/ein schlechter Sohn zu sein, dann wähle diese Rolle und notiere die Ansprüche, die du an dich als Tochter/Sohn hast:

Ich bin eine Tochter/ein Sohn **und das bedeutet:**

> *Ich sollte Vater öfter anrufen.*
> *Ich sollte mich nicht über ihn ärgern.*
> *Ich sollte mehr mit ihm unternehmen.*
> *Ich sollte ihm im Haushalt helfen.*
> *Ich sollte dankbar sein für …*
> *Ich sollte …*

Beachte in der Untersuchung insbesondere, wie sich deine Ansprüche auf deine Beziehung zur anderen Person auswirken.

>**»Solange du nicht erkennst,
>wie unwichtig du bist, kannst du nicht
>sehen, wie wichtig du bist.«**
>
>Maggie Carter

Sequenz 7 Anerkennung und Wertschätzung

»Wenn ich ein Gebet hätte, wäre es dies:
Gott bewahre mich
vor dem Verlangen nach Liebe,
Anerkennung oder Wertschätzung.
Amen.«

Byron Katie

25 Sisyphus – Ich bin nicht gut genug

Ich bin nicht gut genug. Für wen? Für was? Wobei? Die Suche nach Liebe und Anerkennung verleitet so manchen dazu, in ein konstantes Selbstverbesserungsprogramm mit perfektionistischen Ansprüchen einzusteigen. Wir ergründen mit **weiterführenden Fragen** die Sisyphus-qualität solcher Anstrengungen.

Schon als Kleinkind haben wir registriert, welche Verhaltensweisen uns Zuwendung bringen und welche auf Missfallen und Zurückweisung stoßen. Aus Angst vor Ablehnung begannen wir gewisse Persönlichkeitsmerkmale zu unterdrücken und zu verdrängen. Gern gesehene Charaktereigenschaften zeigten wir, um liebevolle Aufmerksamkeit zu erhalten. Dies ist ein ganz natürlicher Vorgang. Schwierig wird es, wenn wir dieses Verhalten im Erwachsenenalter fortsetzen. Die Suche nach Anerkennung verleitet uns dazu, uns an den (vermeintlichen) Erwartungen der anderen zu orientieren statt an eigenen Interessen und Werten. Das kostet uns Selbstliebe, Authentizität und Lebendigkeit. Im schlimmsten Fall wissen wir irgendwann nicht mehr, wer wir sind, und müssen mühsam die eigenen Bedürfnisse und Interessen wieder kennenlernen.

In diesen Tagen befassen wir uns mit der Angst, nicht zu genügen, so wie wir sind. Vielleicht hast du den Gedanken *Ich bin nicht gut genug* schon mehrmals untersucht, und dennoch kommt er immer wieder. Ein Grund dafür könnte sein, dass dieser Gedanke von einer Vielzahl darunterliegender Überzeugungen aufrechterhalten wird. Durch die Verwendung von **weiterführenden Fragen** kannst du solche Glaubenssätze finden.

Die **weiterführenden Fragen** sind:

- **Und das bedeutet?** Ich bin nicht gut genug, **und das bedeutet,** …
- **Was hätte ich davon,** wenn ich gut genug wäre? …
- **Was ist das Schlimmste, das passieren könnte,** weil ich nicht gut genug bin?

- **Wie sollte es sein?** Ich sollte gut genug sein, ich sollte …
- **Was ist dein Beweis,** dass du nicht gut genug bist? …

Die Anwendung dieser Fragen eignet sich bei allen wiederkehrenden Themen. Nicht jede Frage ist jedoch bei jedem Thema gleich gut geeignet.

Übung: Finde eine Situation, in der du glaubst, nicht gut genug zu sein, z.B.: *Ich war nicht herzlich genug zu ihr* oder *Ich war nicht effizient genug*. Notiere, mit wem und in welcher Situation du das glaubtest. Beantworte zu deiner Überzeugung die **weiterführenden Fragen**.

Beispiel:

- *Ich war nicht herzlich genug zu ihr,* **und das bedeutet,** *sie wird sich von mir abwenden, sie erzählt allen, ich sei kalt.*
- **Was hätte ich davon,** wenn ich herzlich genug wäre?
  Sie würde mich schätzen, mich achten. Sie würde sich geborgen fühlen mit mir.
- **Was ist das Schlimmste, das passieren könnte,** weil ich nicht herzlich genug zu ihr war? *Sie wendet sich ab. Sie kommt nicht wieder.*
- **Wie sollte es sein?** *Ich sollte herzlicher zu ihr sein, ihr meine Freude zeigen.*
- **Was ist mein Beweis,** dass ich nicht herzlich genug zu ihr bin?
  Sie schaute desinteressiert. Sie war nicht überschwänglich.

Lies nun deine Überzeugungen nochmals durch und untersuche die, welche dich am meisten interessieren. Prüfe, ob du je gut genug sein kannst, solange du diesen perfektionistischen Gedanken verfolgst, oder ob du dich nicht eher in einer Situation befindest wie Sisyphus, der seinen Stein immer wieder vergeblich den Berg hinaufrollt.

»Wenn ich nicht bewundert, geliebt oder
anerkannt werden wollte, könntest du mich
nicht verletzen.«

Byron Katie

26 Ich brauche deine Anerkennung – Hin zur Quelle!

Die Suche nach Liebe, Anerkennung und Wertschätzung ist Triebfeder für ganz viele unserer Verhaltensweisen und Handlungen. In unseren Arbeitsblättern „Urteile über deinen Nächsten" können wir sehen, wie wir uns dafür verbiegen, anstrengen und übergehen. Heute laben wir uns an der Quelle der Selbstliebe.

Als Kind suchen wir Liebe und Anerkennung bei unseren ersten Bezugspersonen (siehe Kapitel 19). Später richtet sich diese Suche mehr oder weniger ausgeprägt auf Geschwister, Verwandte, Freunde, den Partner, die eigenen Kinder, Kollegen und den Chef. Grobe oder anhaltende Verletzungen in der Kindheit erschweren die Entfaltung eines gesunden Selbstwertgefühls. Sie können im Erwachsenenalter zu einem übermäßigen Verlangen nach Liebe und Wertschätzung führen. In nahen Beziehungen zeigt sich dies möglicherweise in übertriebener Fürsorge, Hilfsbereitschaft und ungesundem Verwöhnen. Es kann zu dem Zwang führen, es anderen immer recht machen zu müssen.

Auch eine Befangenheit anderen Menschen gegenüber kann darauf hindeuten, dass wir Anerkennung suchen. Kennst du Situationen, in denen du nicht natürlich und ungezwungen auf jemanden zugehen konntest? Vielleicht bist du um die Person herumgetigert, hast versucht ihre Aufmerksamkeit auf dich zu lenken, und als es dir nicht gelang, warst du unzufrieden mit dir und vielleicht auch mit der anderen Person. Mir ist es schon so ergangen, mit Menschen, die ich bewundere und die ich auf einen Sockel gehoben habe oder von denen ich beachtet werden wollte. Es war, als hätte ich mir durch ihre Anerkennung ein Mehr an Selbstwert versprochen.

In der Arbeitswelt, bei Vorgesetzten und bei Menschen, die unsere Arbeit bewerten, versuchen wir uns oft durch Fleiß und Leistung hervorzuheben, z. B. durch Überstunden und Überkorrektheit. Manche Menschen unterlassen es, ihre Meinung zu sagen, um nicht zu missfallen. Andere hofieren ihre Vorgesetzten oder werden hart zu Untergebenen, um nach oben hin zu gefallen. Wessen Lob und Anerkennung ist dir bei der Arbeit besonders wichtig? Gehst du dafür über deine Grenzen? Oder bist du nach einer kritischen Bemerkung tagelang betrübt und bedrückt?

Wie wäre unser Leben ohne die Überzeugung *Ich brauche die Liebe und Anerkennung meiner Mitmenschen*? Lausche nach innen und warte, bis die Antwort aus deinem Herzen auftaucht. Dann kehre den Gedanken um: *Ich brauche meine Liebe und Anerkennung.* Und: *Ich brauche zu meinem Glück, dass ich meine Mitmenschen liebe und anerkenne.* Welch ein Reichtum, wenn die Quelle der Liebe wieder freigelegt ist!

Übung: Wer wärst du ohne den Gedanken *Ich brauche ihre Liebe, Anerkennung oder Wertschätzung?* Schenke dir jeden Morgen einen stillen Moment, um die Antworten auf diese Frage aus deinem Inneren auftauchen zu lassen. Erfühle und erlebe, wie du dich ohne dieses Verlangen unter deinen Mitmenschen bewegst. Was ist anders? Führe Tagebuch. Wo läufst du Gefahr, wieder in das alte Muster zurückzufallen? Wessen Anerkennung brauchst du? Untersuche die damit verbundenen Gedanken und beginne, dir selbst die lange vermisste Zuwendung zu geben. Du kannst den Weg zur Selbstliebe beschleunigen, indem du den involvierten Personen genau das zu geben beginnst, was du dir von ihnen gewünscht hast.

»Sorge dich um den Beifall der Leute
und du wirst ihr Gefangener sein.«

Laotse, Tao Te King, Vers 9

27 Finden, was ist – Schenk dir was!

Sobald wir Wertschätzung von anderen wollen, kippen wir aus unserem Wohlbefinden und in einen Mangel. Wir sehen nicht mehr, was wir alles haben. In diesen Tagen richten wir unser Augenmerk auf die Fülle in unserem Leben und öffnen uns der Dankbarkeit in uns.

Auf unserem kleinen Balkon sitzend fällt mein Blick auf einen Baum, dessen Grün in unzähligen Schattierungen in der Sonne leuchtet. Wind spielt mit den Blättern, den Ästen, mal wiegt er sie sanft, mal wirbelt er sie heftig durcheinander. Im Hintergrund stehen drei hohe Buchen, deren Grün dunkler wirkt. In meinem Blickfeld links sind weitere, kleinere Bäume. Eine Symphonie in Grün. Das Rauschen des Windes dringt an meine Ohren, mein Blick verliert sich im Gewirbel der Blätter. Sie ist berauschend, diese lebendige Stille.

Jetzt ist es ganz ruhig in den Bäumen. Umso lauter höre ich das muntere Vogelgezwitscher, ab und zu unterbrochen vom Motorengeräusch eines Autos oder Mofas. In der Ferne läuten Kirchenglocken. Schritte knirschen auf dem Kiesweg. Stimmen von plaudernden Spaziergängern. Eine Windböe dringt zu mir, streicht über meine Haut. Es ist angenehm kühl, nicht kalt. Was für ein prächtiges Schauspiel!

Ich bin dankbar für meine Sinne, mit denen ich meine Umgebung wahrnehme, dankbar, dass ich sehen, hören, spüren, riechen und schmecken kann. Indem ich mich dem stillen Gewahrsein hingebe, schenke ich mir ein Verweilen im wundersamen Raum der sinnlichen Phänomene. Ich freue mich an deren Vielfalt, und es wird ganz friedlich und weit in mir.

Hänge ich unangenehmen Erinnerungen nach, lechze ich im Gespräch nach einer Bestätigung oder sorge ich mich um mein künftiges Wohlergehen, so sehe ich all dies nicht mehr. Da ist kein Vogelgezwitscher, kein faszinierendes Windspiel in den Bäumen, und was ich auf dem Teller habe, gelangt in den Magen, ohne dass ich es schmecke und genieße. Habe ich so mein Essen „verpasst", schöpfe ich oftmals nach und esse zu viel.

Bist du eher fülle- oder mangelorientiert? Siehst du das halbvolle oder das halbleere Glas? Das eine wie das andere kann zur Gewohnheit werden – mit völlig unterschiedlicher Auswirkung. Womit bist du zufrieden, und was erfüllt dich? Was kannst du in deinem Leben finden, wofür du dankbar bist?

Bei meinem Sturz kürzlich mit dem Fahrrad knackste es in der Wirbelsäule. Als ich mich aufrichtete und den Körper durchscannte, bemerkte ich kleine Schrammen an Beinen und Armen, doch der Rücken fühlte sich an, als käme ich vom Chiropraktiker. Danke, danke, danke!

Übung: Vergegenwärtige dir eine Situation, in der du voller Dankbarkeit warst. Wie und wo hast du sie in dir wahrgenommen? Beschreibe es. Werde dir der Fülle deines Lebens gewahr und all der wunderbaren materiellen und immateriellen Dinge, die dein Leben beglücken. Schreibe jeden Tag eine Liste, wofür du dir, deinem Körper, deinen Mitmenschen, dem Leben dankbar bist, z. B.:

Ich bin dankbar, denn ...
- *heute bin ich bekocht worden.*
- *habe ich das Eichhörnchen gesehen.*
- *bin ich gesund.*

Ich bin dankbar für ...
- *das angenehm warme Wasser im Schwimmbad.*
- *das wohlige Gefühl im Wasser.*
- *den wärmenden Sonnenschein.*

Finde täglich neue Beispiele. Nimm dir Zeit, deine Dankbarkeit zu fühlen. Lass dich ganz in sie hineinsinken. Du wirst dir dafür dankbar sein!

> »Dankbarkeit ist, was du ohne
> eine Geschichte bist.«
>
> Byron Katie

28 Vom Blick der anderen – Eine Unabhängigkeitserklärung

Wie werden wir von anderen gesehen und beurteilt? Es gibt Lebensphasen und Situationen, in denen uns besonders wichtig ist, was unsere Mitmenschen von uns denken. Nicht, dass wir echt an ihrem Urteil interessiert wären, doch wir wollen positiv wahrgenommen werden. Das hat einschränkende Auswirkungen auf uns. Wie sähe unser Leben aus, wenn uns die Sicht der anderen egal wäre? Nimm dir Zeit, im Gedankenstrom zu ankern, innezuhalten und zu reflektieren.

„Ich höre die Kritik der Leute förmlich in meinem Kopf widerhallen", sagte Hans, nachdem bei seinem Event die Tonqualität zu wünschen übrig gelassen hatte. Wie oft martern wir uns mit solchen Gedanken! Ich kann mich an eine Phase in meinem Leben erinnern, während der ich mir ständig überlegte, was die anderen wohl von mir denken mochten. Unterwegs in der Öffentlichkeit fragte ich mich, was sie wohl von meinem Umgang mit meinen kleinen Kindern hielten, was sie über meine Figur, die Kleidung, den Haarschnitt dachten, wie sie meinen Auto-Fahrstil beurteilten, meine Skischwünge.

Es passiert uns ein Missgeschick, und wir denken: Sie lachen mich aus. Wir machen einen Fehler, und wir fürchten: Sie finden mich inkompetent. Wir vergessen etwas und belasten uns zusätzlich mit dem Gedanken: Sie finden mich unzuverlässig. Auf diese Weise betrachten wir uns durch die Augen der anderen, kommentieren uns aus ihrer Sicht und kritisieren uns mit ihren – vermeintlichen! – Urteilen. Und oft genug sind dies harte, unbarmherzige Zuschreibungen, die wir ungeprüft glauben.

Die negativen Gefühle, die sich dann in uns einstellen, bewirken zuweilen, dass wir hinterher beginnen, bei den anderen nach Fehlern zu suchen, und sie kritisieren. In einer Arbeitssituation, in der ich mich unbeholfen und unsicher fühlte, schrieb ich den anderen zu, mich als unproduktiv und „durch den Wind" zu taxieren. In meinem Unwohlsein bezeichnete ich sie in Gedanken als Arbeitstiere, die über ihre Grenzen gehen. So konstruieren wir uns eine Welt, in der wir uns umso weniger zu Hause fühlen, je länger wir uns dort aufhalten. Was sind wir doch für komplizierte Wesen!

Wenn ich glaube, es sei wichtig, was die anderen von mir denken, gebe ich ihrem Urteil mehr Gewicht als meinem eigenen und orientiere mich an ihnen statt an meinen eigenen Werten. Eine solche Haltung verunsichert, hemmt und macht unfrei. Was ich lebe, kann ich nicht wirklich genießen, denn ich kontrolliere mich, manipuliere mich und bin nicht authentisch. Ich zwänge mich in ein Korsett, damit man mich „richtig" wahrnimmt, so wie ich es will.

Übung: Beobachte im Alltag, ob und wie du von dem Gedanken beeinflusst bist, was andere von dir denken. Vielleicht sind dir schon beim Lesen entsprechende Situationen eingefallen. Schreibe eine Liste mit deinen Befürchtungen, zum Beispiel:

> *Ulla sieht mich als Langweilerin.*
>
> *Hans denkt, ich sei störrisch.*
>
> *Viola findet mich hart.*
>
> ...

Untersuche deine Sätze.

Zum Abschluss untersuche auch: *Es ist wichtig, was andere von mir denken.* Wie hast du dein Leben mit dieser Überzeugung gelebt? Und wer wärst du ohne sie? Vergegenwärtige dir eine Situation, in der du ganz deiner Wahrheit gefolgt bist, unabhängig von dem, was andere darüber denken könnten. Wie hast du dich dabei gefühlt?

»Bemerke, was du denkst, anstatt anzunehmen, dass du weißt, was wir denken.«

Byron Katie

Sequenz 8 Arbeit, Geld und Sicherheit

»Es gibt keine Sicherheit für diejenigen,
die sie außerhalb ihrer selbst suchen.«

Byron Katie

29 Job oder Berufung – Zwischen Tun und Sein

Einen großen Teil unserer Lebenszeit verbringen wir am Arbeitsplatz. Ist sie bei dir von freudiger Erfüllung geprägt oder eher eine mühselige Bürde? Als ich vor Jahren dem amerikanischen Arzt und Meditationslehrer Jon Kabat-Zinn die Frage stellte, was ihn zu seiner Arbeit motiviere, überlegte er kurz und antwortete: „Das kann ich dir in einem Wort sagen. Rate." Ich horchte nach innen und beschrieb, was ich spürte: „Liebe." Er nickte. Was motiviert *dich* zu deiner Arbeit? Erfolg? Der Lohn? Freude?

Mein beruflicher Werdegang war alles andere als geradlinig. Nach Abbruch des Lehramtes jobbte ich in London als Kellnerin. Wieder zu Hause finanzierte ich mir als Sachbearbeiterin mein Publizistikstudium. Als freischaffende Journalistin fand ich zu meinem Traumjob: Redakteurin in einem Magazin, das sich der Themen Therapie, Psychologie und Spiritualität annahm. In einem kreativen und liebevollen Arbeitsklima konnte ich mich mit all dem befassen, was mich interessierte. Während einer großen Beziehungskrise 1999, als ich mich mit der Macht von Fragen befasste, begegnete mir THE WORK. Die Kraft und Faszination, die von dieser Arbeit ausging, zog mich an, und ich folgte, absolvierte Byron Katies School und bot bald eine offene Abendgruppe mit THE WORK an. Doch sechs Abende lang saß ich alleine da. Ich nutzte sie, um mit mir selbst in die Untersuchung zu gehen und unter anderem meine Existenzängste anzuschauen. Mit THE WORK habe ich meine neue Herzensarbeit gefunden.

Meine momentane Herausforderung ist es, die Balance zu finden zwischen aktiv sein und mich hingeben, dem inneren Fluss folgen und mich nicht vom Sog „Ich sollte doch ..." davontragen lassen. Bin ich kopfgesteuert oder folge ich dem Herzen? In der Muße, den Freiräumen und Pausen, tauchen die richtungweisenden Impulse für mein weiteres Handeln auf.

Wie geht es *dir* mit deiner Arbeit? Erfüllt dich deine Tätigkeit? Fordert sie dich auf eine konstruktive Art heraus, und kannst du deine persönlichen Talente und Fähigkeiten einbringen? Freust du dich, morgens zur Arbeit zu gehen? Wenn nein, warum nicht? Schaffst du den Ausgleich zwischen Tun und Sein? Oder wurdest du vielleicht durch den Verlust deiner Stelle dem Tun entrissen und so zum Sein genötigt? Kannst du damit umgehen?

Übung: Betrachte deine Arbeitssituation. Was gefällt dir, und was müsste anders sein? Wenn dir in der Beantwortung dieser Fragen Ideen kommen, wie du dich in positiver Weise verändern könntest, setze um, was realisierbar ist. Manchmal ist es Zeit zu handeln. Doch wenn du an Grenzen stößt und keine Veränderung möglich ist, oder wenn du durch Arbeitslosigkeit zum „Nichtstun" verurteilt bist, so notiere, was für dich schwierig ist, auf einem Arbeitsblatt „Urteile über deinen Nächsten" oder z. B. als Liste deiner Ängste:

> *Ich werde nicht mehr gebraucht.*
> *Ich bin überqualifiziert.*
> *In meinem Alter ist man ausrangiert.*
> *Mein Chef gibt mir keine Chance.*
> *Ohne Job hab ich keine Daseinsberechtigung.*
> ...

Vielleicht gelingt es dir, dank der Einsicht aus den Umkehrungen, zu erkennen, dass auch dem Sein ein Wert innewohnt:

> *Ich werde gebraucht.*
> *Ich gebe mir keine Chance.*
> *(Auch) ohne Job habe ich eine Daseinsberechtigung.*

Findest du Beispiele, wie das wahr ist?

»Bereitschaft öffnet die Tür zu allen Möglichkeiten des Lebens.«

Byron Katie

30 Konkurrenz –
Neid, dein Entwicklungshelfer

Konkurrenz kann Ansporn sein für die eigene Entfaltung. Konstantes Vergleichen und ein zu harter Wettbewerb vergiften jedoch so manches Arbeitsklima. Wir ergründen das Gute und das Schwierige bei Vergleich und Konkurrenz.

Schon kleine Kinder konkurrieren und vergleichen. Die Jungs messen sich, wo sie nur können. Jeder will der Schnellste sein, die meisten Bälle halten, beim Computerspiel am weitesten kommen. Und wer ist bei den Mädchen die Coolste, trägt die trendigsten Klamotten? Schon dieses frühe Messen kann in einem fairen, freudigen Miteinander geschehen oder aber zu groben Machtkämpfen, Gemeinheiten und Handgreiflichkeiten führen.

In der Arbeitswelt kann dies zum – durchaus erwünschten – Wettbewerb um Kompetenz und Qualifikation werden. Doch die Kehrseite sind Kampf um Macht und Vorherrschaft, harte Rivalität, Neid und Missgunst.

Wir beneiden andere um ihr Glück, ihr Aussehen, um Fähigkeiten oder den guten Draht zum Chef. Schon oft sagte eine Freundin wohlwollend zu mir: „Oh, da beneide ich dich!" Sie hätte auch gerne eine lange Reise vor sich gehabt. Neid wird jedoch dann vergiftend, wenn Missgunst mit ihm einhergeht und wir dem anderen nichts Gutes gönnen, weil wir ihn beispielsweise als unehrlich, unfähig oder arrogant empfinden. Konkurrenz und Neid können dann in unfaires Verhalten einem Mitarbeiter gegenüber ausarten: Man enthält ihm wichtige Informationen vor, führt ihn in die Irre oder ignoriert ihn, redet hinter seinem Rücken schlecht über ihn oder mobbt ihn sogar.

Bist du ehrgeizig und vergleichst dich häufig mit anderen? Wie fallen diese Vergleiche für dich aus? Führt Neid bei dir zu Groll auf den anderen, zu herablassenden Gefühlen und Negativität? Oder nutzt du deinen Neid als Ansporn, um zu schauen, was du selbst noch Spezifisches zu bieten hättest, wo du wachsen und dich verändern, ja, wie du an dir arbeiten könntest?

Forschungen weisen auf ein unterschiedliches Konkurrenzverhalten von Frauen und Männern hin: Frauen tendieren eher dazu, Konkurrenz als bedrohlich zu erleben und sie persönlich zu nehmen, während es Männern besser gelingt, auf der Sachebene zu bleiben. Wie ist das bei dir? Oder lässt du vielleicht Vergleich und Konkurrenz für dich zum Selbstläufer werden, indem du dich weiter und weiter vorantreiben lässt, ohne innezuhalten, ohne dich an deinem Inneren zu orientieren und zu bedenken, was du, unabhängig von den anderen, für dich selbst willst?

Übung: Bei wem bringen dich Neid, Konkurrenz oder Missgunst aus der Ruhe? Wer in deinem Arbeitsumfeld weckt deinen Unwillen? Meist fällt es uns schwer, das Gute an diesen Menschen zu sehen. Notiere drei Qualitäten dieser Person und dann drei Dinge, die du an ihr bemängelst, zum Beispiel positiv: *Sie ist sehr offen und herzlich. Sie behält das Wohl aller im Auge. Sie ist verbindlich.* Und dann kritisch: *Sie reißt alles an sich. Sie stellt sich stets in die erste Reihe. Sie dominiert jede Sitzung.*

1. Untersuche deine drei Kritiken.

2. Betrachte nun die drei Qualitäten und schau, wo *du* sie *selbst* hast und lebst. Finde Bereiche, in denen du sie noch besser in dein Leben integrieren möchtest.

>»Wenn du dich mit niemandem vergleichen könntest, wärest du dann nicht vollkommen?«

Byron Katie

31 Das liebe Geld –
Ein Plädoyer für Reichtum

Hast du genug Geld? Wie denkst du über die Finanzen und wie gehst du damit um? In diesen Tagen wenden wir uns nicht nur beim Verdienen und Ausgeben dem Geld zu, sondern auch, indem wir unsere Überzeugungen dazu aufspüren und untersuchen. Wer weiß, vielleicht finden wir dabei einen Weg zu wahrem Reichtum.

Für lange Zeit betrieben die Menschen Tauschhandel, bevor sie Geld als Gegenwert für Waren einsetzten. Das Handels- und Geldsystem hat sich gewaltig gewandelt. Billiges Papier hat heute einen beachtlichen Tauschwert, vielleicht kaufen wir bald alles nur noch über Kreditkarten, E-Banking und PayPal.

Als ich in Südalgerien einen Tuareg fragte, wie viele Kamele er habe, erwiderte er: „Ich frage dich auch nicht, wie viel Geld du auf dem Konto hast." Über Hab und Gut zu sprechen, ist für manche Menschen tabu, für andere unangenehm, ja sogar peinlich. Wie ist das bei dir? Hast du einen Beruf, in dem dir Geld einmal monatlich überwiesen wird, so dass du nur bei Lohnverhandlungen darüber sprechen musst, oder bist du als Freiberufler ständig am Verhandeln? Fällt es dir leicht, ein angemessenes Gehalt für deine Leistungen zu verlangen? Falls du wirklich zu wenig hast, kannst du um finanzielle Unterstützung oder ein Darlehen bitten oder Fürsorge in Anspruch nehmen?

Oft wirken Erfahrungen aus Elternhaus und Kultur prägend nach. Bist du in der Arbeiterklasse, der Mittelschicht oder der Oberschicht aufgewachsen? Kennst du Armut, Reichtum oder etwa beides? Wer in deiner Familie hat den Lebensunterhalt bestritten, wer die Einnahmen verwaltet? Welche Überzeugungen klingen dir in den Ohren nach und entfalten weiterhin ihre Wirkung?

Sie ist eine Verschwenderin. Nur hart verdientes Geld ist ehrlich verdient.
Je mehr sie haben, desto geiziger sind sie. Wir können uns ... nicht leisten.
Wir sollten ein Haus kaufen. Großvater hat zweimal alles verloren.

Was bedeutet dir heute Geld? Wie gehst du damit um? Bist du großzügig oder geizig? Kannst du es gut einteilen oder rinnt es dir durch die Finger? Wie denkst du über arme wie über reiche Menschen? Fließt dir das Geld leicht zu oder musst du hart dafür arbeiten? Hattest du jemals das Gefühl, genug Geld zu haben, oder glaubst du stets, du müsstest mehr haben?

Übung: Erforsche in diesen Tagen deine Haltung dem Geld gegenüber. Besinne dich auch auf den familiären Umgang mit den Finanzen und deinen Part darin. Wo sind deine Einschränkungen? Wo fühlst du dich damit unfrei? Schreibe eine Liste:

> *Ich kann mir kein Haus kaufen.*
> *Ich kann nicht …*
> - *reich werden.*
> - *so viel verdienen wie Männer.*
> - *frühzeitig in Rente gehen.*
> - *genügend Geld erwirtschaften, um mir … zu leisten.*
> - *frei sein von Verlustangst.*

Untersuche täglich einen Satz. Nachdem du die Sätze untersucht hast, kehre sie um von: *Ich kann nicht …* zu: *Ich will nicht …* Stimmt das? Wenn ja, auf welche Weise? Und warum stimmt es, dass du das nicht willst oder bisher nicht wolltest? Finde Beispiele dazu. Was erkennst du? Vielleicht merkst du, dass du zu den wahrlich reichen Menschen gehören könntest: zu denen, die genug haben, was immer sie haben.

»Die Geschichte ‚Ich brauche mehr Geld‘ hält dich davon ab, deinen Reichtum zu erkennen.«

Byron Katie

32 Sicherheit – Halt in sich selbst finden

Im Leben gibt es Bereiche, in denen wir mutig und voller Vertrauen sind. In anderen sind wir ängstlich und schnell verunsichert. In diesem Kapitel erforschen wir unsere Ängste und unsere Bedürfnisse nach Sicherheit. Vielleicht zeigt sich das, was uns wahrlich Sicherheit verleiht.

Wo sind deine Verlustängste und Unsicherheiten im Leben? Bist du gestresst, wenn ein Wohnortwechsel oder andere große Veränderungen bevorstehen? Drücken dich Existenzängste und Geldsorgen bei der Umstrukturierung in der Firma, in Bezug auf die Altersvorsorge oder weil das Geschäft nicht gut läuft? Befürchtest du, bei Streit und Disharmonie verlassen zu werden und einsam zurückzubleiben? Bist du bei Unwohlsein und körperlichen Symptomen schnell besorgt und beunruhigt? Hast du Angst vor Diebstahl, vor einem Unfall oder vor dem Krieg und dessen Folgen?

Für fast alles können wir Versicherungen abschließen. Von der Krankenversicherung über die Hagelschutzversicherung bis zur Tierhaftpflichtversicherung. Doch das Leben bleibt ein Risiko, das wir nicht versichern können. Die Urfunktion der Angst ist, unser Überleben zu sichern, indem sie in Gefahrensituationen ein angemessenes Verhalten einleitet. Als Schutzmechanismus kann sie jedoch nur dienen, wenn sie uns nicht im Übermaß blockiert oder sich umgekehrt zu wenig meldet und so wirkliche Gefahren ausblendet. Untersuchen wir unsere Ängste, können wir entdecken, wie realitätsnah oder irreal sie sind.

Ich finde es äußerst spannend, an die Wurzel eines Begriffes zu gehen und zu ergründen, was er für mich bedeutet. Dies tue ich folgendermaßen: Ich setze mich hin, zum Beispiel mit der Frage *Was gibt mir Sicherheit?*, schließe die Augen und warte auf eine Antwort. Manchmal taucht ein Wort auf und noch eins und noch eins. Immer wieder stelle ich dieselbe Frage. Manchmal kommen Sätze, Bilder, und ich schreibe sie auf. Noch schöner ist es, wenn ein offenes, unvoreingenommenes Gegenüber mir die Frage stellt und ich nach einigen Minuten meinerseits mein Gegenüber befrage – wenn wir gemeinsam forschen.

Mein Geist tastet sich in diesem Prozess Schritt für Schritt an die tieferen Antworten heran. Zuerst erlebe ich oft ein Überprüfen auf der materiellen Ebene: „Geld, sichere Altersvorsorge – doch das ganze Finanzsystem könnte zusammenbrechen, also keine Sicherheit. Auf der Beziehungsebene – da gibt es Trennungen, Tod, also auch keine Sicherheit." *Was gibt mir Sicherheit?* „Nichts von außen." Und manchmal öffnet sich plötzlich ein Raum, aus dem eine andere Art von Antworten auftaucht. „Ein absolutes Ja zu dem, was ist. Nichts abwehren. Ein völliges Aufgehen im Jetzt. Weite. Es kann kommen, was will, in der Haltung des Annehmens bin ich in Sicherheit."

Übung: Wo liegen deine größten Ängste? Schreibe eine Liste, z.B.:

- *Gesundheit*
- *Geld*
- *Freundschaft*
- *Arbeit*
- *mein Haus*

Wähle nun eine Angst aus und höre ihrem inneren Monolog zu, zum Beispiel Gesundheit:

Ich könnte eine schlimme Krankheit haben. Ich werde abhängig sein von Pflegepersonal. Ich werde leiden. Ich bin unglücklich. Mein Leben ist bald zu Ende.

Nach deinen Untersuchungen mit THE WORK setze dich hin mit der Frage: *Was gibt mir Sicherheit?* Stelle dir die Frage immer wieder, wie oben beschrieben, warte auf die Antworten aus der Tiefe und notiere sie.

> **»Wer jederlei Angst zu durchschauen vermag, wird immer in Sicherheit sein.«**
>
> Laotse, Tao Te King, Vers 46

Sequenz 9 Klare Kommunikation

»Das kleinste Risiko, das du in
deinem Leben je eingehen wirst, ist mit
jedem Menschen ehrlich zu sein.«

Byron Katie

33 Ich weiß! Weiß ich? –
Mit dem Herzen hören

Zuhören – man könnte meinen, das sei leicht. Bei genauerer Betrachtung entdecken wir die Komplexität dieses Vorgangs: Neben den Worten reagieren wir auf Tonfall und Körpersprache und tendieren dazu, das Gehörte zu interpretieren und mit vorgefassten Meinungen zu verfärben. Unvoreingenommenes, offenes Zuhören ist eine Kunst – besonders in länger andauernden, nahen Beziehungen. Sie zu erlernen ist ein Weg aus der „Ich weiß"-Falle heraus, hin zu einem tieferen Hören und zu intimeren Beziehungen.

Beobachte in diesen Tagen, wie du deinen Mitmenschen zuhörst. Ist es beim Hören still in dir und bist du in deinem Herzen verankert? Oder verstrickst du dich schnell und rutschst gedanklich in die Angelegenheit deines Gegenübers? Beziehst du alles gleich auf dich und hörst vor allem auf der Beziehungsebene zu, oder bewahrst du dir eine gesunde Distanz zum Gehörten und zum Sprechenden? Wie viel hörst du noch, wenn dein Gegenüber laut und eindringlich spricht und ein vorwurfsvoller Ton mitschwingt? Jede Botschaft vermittelt Signale auf verschiedenen Ebenen und kommt beim Hörenden auch auf verschiedenen Ebenen an.

Der deutsche Psychologe Friedemann Schulz von Thun unterscheidet vier Aspekte der Kommunikation:

1. Die *Sachebene:* Sind die geäußerten Informationen zutreffend, klar und hinreichend?

2. Die *Selbstkundgabe* des Sprechenden: Was wird in den Worten über den Sprechenden selbst sichtbar? Welche Werte, Eigenarten und Bedürfnisse transportieren sie?

3. Die *Beziehungsseite:* Wie steht der Sprechende zum Hörenden, und was hält er von ihm? Wie sieht er die Beziehung?

4. Die *Appellseite:* Was will der Sprechende mit dem Gesagten erreichen?

Was der Sprechende zu kommunizieren sucht und was er bewirken will, divergiert zuweilen stark von dem, was der Hörende versteht und interpretiert. Dies macht Gespräche spannend und oft auch spannungsgeladen.

Wie gut gelingt es dir, einem Gegenüber deine ungeteilte, unvoreingenommene Aufmerksamkeit zu schenken? Bei Menschen, die uns vertraut sind, hören wir durch den Filter der Erfahrungen, die wir mit ihnen bisher gemacht haben. Dies kann in manchen Situationen hilfreich sein, doch es nagelt den anderen in einem Bild fest, dem er möglicherweise entwachsen ist. Zu Missverständnissen kommt es, wenn wir dann zu wissen glauben, was er oder sie als Nächstes sagen wird, und deshalb nicht mehr genau hinhören. Oder wenn wir bei Unsicherheit nicht nachfragen, weil wir ja den andern so gut zu kennen glauben. Beobachte in den kommenden Tagen, was in dir abläuft, wenn du jemandem zuhörst.

Übung: Nimm dir jeden Morgen einen Moment Zeit, um mit deiner Wahrnehmung in den Brustbereich zu sinken und dich mit deinem Herzen zu verbinden. Höre während des Tages, wenn andere mit dir sprechen, auf die tiefere Botschaft in den Worten deines Gegenübers. In Konfliktsituationen und schwierigen Gesprächen dient dir dabei das Instrument des Spiegelns: Sag deinem Gegenüber möglichst genau, was du verstanden hast, was bei dir angekommen ist.

Untersuche Überzeugungen, die du beim Zuhören entdeckst: *Ich weiß, was er meint. Ich weiß, was kommt.*

Mit offenem Herzen unvoreingenommen zuzuhören, ohne das Gehörte zu bewerten, das ist eines der größten Geschenke, das wir einander machen können.

>»Wenn du mit dem Herzen hörst,
>kannst du alles sehen.«
>
>Ischvomir

34 Danke und Nein! –
Mein Nein zu dir ist ein Ja zu mir

Wie oft sagen wir Ja, wenn die ehrliche Antwort ein Nein wäre? Verbinden wir Ablehnung oder Zurückweisung mit einem Nein oder befürchten wir, damit negativ aufzufallen oder unbequem zu sein, so fällt es uns schwer, ein ehrliches Nein zu kommunizieren. In diesen Tagen erforschen wir, wie wir dabei uns selbst und andere täuschen.

Gestehen wir uns nicht zu, aus ganzem Herzen Nein zu sagen, schwingt dies in unserer Stimme mit, es bestimmt unsere Wortwahl, und es ist in der Körperhaltung sichtbar. Die Aussage: „Ich will eigentlich lieber nicht" impliziert meine Unklarheit: *Wenn du hartnäckig genug bleibst, mache ich es schon.* Kein Wunder, wenn die Bitten oder Forderungen dann immer wieder vorgebracht werden – so lange, bis wir weich werden und kippen. Jetzt lenken wir zwar halbherzig ein, doch in uns entstehen Unmut und stille Vorwürfe gegen den anderen, denn wir machen ihn insgeheim dafür verantwortlich, dass wir tun, was sich für uns nicht richtig anfühlt.

Zu den Dingen, die ich gerne bereits in meiner Jugend gelernt hätte, gehört das Formulieren eines klaren Nein ohne Schuldgefühle, ohne Angst und ohne mich rechtfertigen oder erklären zu müssen. Überzeugungen wie die folgenden haben mich lange davon abgehalten:

Wenn ich nein sage, dann ...

- *mag sie mich nicht mehr.*
- *verletze ich ihn.*
- *findet sie mich faul, unkooperativ, unfreundlich.*
- *bin ich ein Egoist.*
- *kriege ich keine zweite Chance.*

Kennst du ähnliche Überzeugungen? Beim Untersuchen solcher Sätze mit THE WORK habe ich gemerkt, wie ich mir durch diese Interpretationen Angst einjage und dadurch unklar werde. Ich habe gesehen, dass ich mich und den anderen nicht mag, wenn ich Ja sage, obwohl meine ehrliche Antwort Nein wäre. So habe ich oft versucht, Konflikten auszuweichen, und genau das Gegenteil bewirkt: Ich habe sie kreiert.

In der Arbeit mit THE WORK besteht ein klares Nein aus zwei Teilen: 1. der Anerkennung der Person mit ihrem Anliegen und 2. dem Nein – ohne Rechtfertigung und Erklärung. Es ist ein Nein, das ein Ja zu uns selbst ist. *Ich höre, was du sagst, und nein! Danke, dass du fragst, und meine Antwort ist Nein.* Das Besondere und Unübliche ist, die beiden Satzteile mit einem „und" zu verbinden. *Danke für deinen Hinweis, aber ich werde es auf meine Art tun,* klingt anders als *Danke für deinen Hinweis, und ich werde es auf meine Art tun.*

Jede Rechtfertigung und Erklärung lädt das Gegenüber dazu ein, mit immer neuen Argumenten für sein Anliegen zu kämpfen. Auf diese Weise können langanhaltende Machtkämpfe entstehen. Ein entschiedenes *Danke und nein* und nach weiterem Nachhaken ein erneutes *Ich verstehe, dass das für dich passen würde, und ich will nicht* schafft Klarheit und hilft dem anderen, unser Nein zu akzeptieren.

Übung: Finde eine Situation in deinem Leben, in der du Ja gesagt hast, obwohl deine ehrliche Antwort ein Nein gewesen wäre. Was waren deine Gedanken, kurz bevor du Ja gesagt hast? Schreibe eine Liste mit deinen Befürchtungen und untersuche sie:

Wenn ich Nein sage, dann … (Hinweise zur Umkehrung von zweiteiligen Sätzen findest du in der Einführung auf Seite 26).

Übe dich darin, in Alltagssituationen klar *Danke und nein* zu sagen, ohne Rechtfertigungen und Erklärungen. Erkenne den anderen mit seinem Anliegen an und achte dein Nein.

„Ein unehrliches Ja ist ein Nein zu dir selbst."

Byron Katie

35 Bitten statt betteln –
Eine Übung in Mut und Demut

Wie leicht fällt es dir, andere um Unterstützung oder um einen Gefallen zu bitten? Werden wir selbst um etwas gebeten, spüren wir sofort, wenn unser Gegenüber unklar ist. Wie und worin sind wir jedoch selbst unsicher, wenn wir andere fragen oder uns nicht zu fragen trauen? In diesem Kapitel spüren wir innere Barrieren auf, die einer klaren Kommunikation im Weg stehen.

Ich begleitete mit THE WORK einen schüchternen jungen Mann, der sich nicht traute, die Frau seiner Wahl zu fragen, ob sie mit ihm ausgehen wolle. Er befürchtete eine ablehnende Antwort, und das hielt ihn davon ab, sich für das einzusetzen, was sein Herz begehrte. Die Untersuchung der Überzeugung *Ein Ja von ihr ist besser als ein Nein* war erhellend. Erleichtert entdeckte der junge Mann, dass er viel lieber ein ehrliches Nein haben wollte, als ein halbherziges oder unehrliches Ja, bei dem er nicht wusste, woran er war. Mit der Offenheit für beide Reaktionen fühlte er sich frei zu fragen.

Befürchten wir, dass uns ein Wunsch verwehrt wird, braucht es Mut, dennoch zu fragen, und die Demut, die Reaktion des anderen anzunehmen. Kannst du ein Ja und ein Nein als ebenbürtige Antworten mit Gleichmut annehmen? Diese Offenheit gibt dir die Freiheit, um alles zu bitten. Mit Respekt für die Antwort deines Gegenübers.

Macht es einen Unterschied, ob du eine Person um etwas bittest, die dir nahesteht, oder eine, die du kaum oder noch nicht kennst? Bei wem ist das Fragen für dich besonders schwierig? Gibt es bestimmte Themen, um die du dich herumdrückst und die du vor dir herschiebst, bis du dich endlich zu fragen traust, zum Beispiel eine Gehaltserhöhung, ein Heiratsantrag, ob er dich im Haushalt mehr unterstützt, ob sie dir PC-Support gibt, ob sie mit dir auf eine Reise in dein Lieblingsland kommt oder ob er bereit ist, die finanzielle Regelung an die neuen Verhältnisse anzupassen? Welche Befürchtungen stehen einer direkten Frage im Weg?

Je klarer wir sind, desto schnörkelloser und direkter können wir unser Anliegen kommunizieren. Was willst du und wie willst du es? Wie hoch soll die Gehaltserhöhung sein? Was genau soll er dir im Haushalt abnehmen? Bei der finanziellen Neuregelung: Was wäre für dich eine faire monatliche Summe? Es braucht auch hier keine langen Erklärungen und keine Rechtfertigung. Wichtig ist, dass du dir das Gewünschte zugestehst! Bist du es dir wert, zu bekommen, was du möchtest?

Manchmal ändern sich Umstände, und in einer Beziehung fühlt es sich so an, als sei etwas nicht mehr im Gleichgewicht. Da sind alternde Eltern zu betreuen, ein Kind ist öfter krank, der neue Job überfordert. Nicht immer bekommen die Menschen in unserem Umfeld mit, was wir brauchen. Byron Katie sagt treffend: „Sie sind keine Hellseher!" Deshalb liegt es an uns, sie zu fragen und ihnen eine Chance zu geben, uns etwas zuliebe zu tun.

Übung: Welche Bitte traust du dich nicht zu äußern? Oftmals fragen wir nicht, weil wir nicht genau wissen, was wir eigentlich wollen. Da kann das Arbeitsblatt „Urteile über deinen Nächsten" Klärung bringen. Schreibe auf, was du genau von der anderen Person willst, wie sie deine Bitte aufnehmen sollte, was du von ihr diesbezüglich ganz konkret brauchst und was du befürchtest.

Nach der Bearbeitung des Arbeitsblattes geh auf die Person zu und äußere mutig deine Bitte.

»Mangelnde Klarheit ist das einzige Leiden.«

Byron Katie

36 Sie haben recht! –
Kritik als Geschenk

Wenn wir Kritik als schmerzlich erleben und sie entrüstet von uns weisen, ist das im Allgemeinen ein Zeichen dafür, dass ein ungelöstes Thema in uns angestoßen wurde. Ungelöstes ist problematisch und erzeugt Widerstand. Mit den Fragen von THE WORK können wir diesen Schattenbereich in uns ans Licht bringen und uns von unbewussten schmerzlichen Verhaltensmustern befreien.

Um das Geschenk der Kritik nutzen zu können, müssen wir sie als Erstes hören, dann annehmen und auspacken. Es gibt viele Arten des Bewertens. Um nur einige zu nennen: Beurteilung einer Arbeitsweise, eines Verhaltens oder eines Sachverhaltes. Dann gibt es sachlich und ruhig geäußerte, differenzierte Kritik, aber auch solche, die in einem vorwurfsvollen Ton mitgeteilt, mit einem pauschalisierenden „Immer" oder „Nie" ergänzt oder mit den gesammelten Vergehen der letzten Jahre untermauert wird. Eine Herausforderung! Gelingt es trotz des Tones oder des Redeschwalles noch, die Kernaussage zu hören?

Genaues Hinhören ist hilfreich, denn es ist erstaunlich, was der Verstand aus den Aussagen eines Gegenübers alles macht. So konnte ich bei mir schon beobachten, wie ich aus den harmlosen Worten eines Arbeitskollegen: „Der Song, den du abgespielt hast, hat für mich nicht gepasst!" gemacht habe: „Du hast einen schlechten Musikgeschmack." Damit hatte *ich* mich selbst verletzt. Aus seiner Kritik: „Du solltest selbstbewusster auftreten und nicht so leise sprechen!", hörte ich: „Du sprichst *immer* zu leise und bist *völlig* unsicher." Damit sah ich eine alte Überzeugung von mir mal wieder bestätigt: „Ich bin nicht in Ordnung, so wie ich bin."

Neben dem, was Kritik in unserem Inneren bewirkt, führt sie oft zu einer Vielzahl von Reaktionen dem anderen Gegenüber: Abwehr, Verteidigung, Rechtfertigung, Angriff. Oder wir gehen vordergründig darüber hinweg, fühlen uns aber schlecht und strafen den anderen mit Distanz.

Wenn wir so reagieren, haben wir das Geschenk der Kritik abgewiesen und machen auf diese Weise uns und dem anderen das Leben schwer.

Mit THE WORK üben wir uns nicht nur darin, Kritik anzunehmen, sondern auch darin, das Geschenk auszupacken und zu schauen, was daran wahr ist. *Ich sollte selbstbewusster auftreten.* Ich suche also nach drei Beispielen, drei Situationen, in denen ich nicht selbstbewusst aufgetreten bin. Auf diese Weise können wir herausfinden, wann und wo wir in das unerwünschte Verhalten kippen, und welche weiteren Gedanken dieses Verhalten aufrechterhalten.

Übung: Wo sind deine unausgepackten Geschenke? Finde eine Situation, in der eine Kritik zu einer Auseinandersetzung geführt hat und die Worte dich getroffen haben. Notiere möglichst wortgetreu, was dich verletzt hat, zum Beispiel:

> *Du schaust immer nur für dich.*
> *Du kommunizierst schlecht.*
> *Du bist überempfindlich.*

Dann notiere drei Dinge, die du an der anderen Person kritisierst:

> *Sie will mich ändern.*
> *Sie will ihren Willen durchsetzen.*
> *Sie sollte sich selbst anschauen.*

Gehe nun wie oben beschrieben vor und finde zu jedem Satz drei Beispiele, wie die andere Person mit ihrer Kritik recht hat. Dann finde drei Beispiele, wie das, was du an ihr kritisierst, auch in dir vorhanden ist. Was wir in anderen sehen, ist auch in uns.

»Wenn du dich verteidigst und rechtfertigst, beginnst du den Krieg in dir, in deinem Zuhause und in deiner Familie.«

Byron Katie

Sequenz 10 Sucht und Suche

> »Ich kann die ganze Welt heilen
> indem ich mit einem Menschen arbeite;
> und der bin ich.«
>
> Byron Katie

37 Ich kann nicht ohne –
Vom Genuss zum Verdruss

Von den Süchtigen und Drogenabhängigen grenzen wir uns gerne ab. Doch sind wir nicht alle Süchtige, die auf die eine oder andere Art über die Stränge schlagen? Wir erforschen, was uns vom gesunden Maß in die Maßlosigkeit rutschen lässt.

Die Hedoniker im Griechenland der Antike suchten in ihrer lust- und genussbetonten Philosophie den höchsten Genuss ohne anschließenden Verdruss. In der westlichen Vergnügungs- und Leistungsgesellschaft sind jedoch Maßlosigkeiten an der Tagesordnung. Wie bewusst gehen wir mit dem um, was wir konsumieren oder tun? Das jugendliche Experimentieren und Ausprobieren von Dingen, die bislang der Erwachsenenwelt vorenthalten waren, ist normal. Teenager eifern anderen nach, wollen dazugehören, und sie suchen Grenzerfahrungen. Doch wann und wo kippt das Ausprobieren in die Sucht? Ein Gefahrenmoment ist, nicht nur bei Jugendlichen, der Konsum bei Kummer und Sorgen als Mittel, unangenehmen Gefühlen oder Problemen zu entkommen.

Einerseits haben wir Suchtmittel, die so heißen, weil sie schnell zu einer psychischen und oft auch physischen Abhängigkeit führen, andererseits finden wir zwanghafte Verhaltensweisen auch im Konsumverhalten oder bei gewissen Tätigkeiten.

Was ist deine heimliche kleine oder vielleicht unheimliche große Sucht? In welchen Zwängen steckst du? Womit kannst du nicht aufhören, ohne was nicht sein? Bist du arbeitssüchtig, sexsüchtig, kokainsüchtig, jammersüchtig oder verlierst du dich stundenlang im Internet oder beim Zappen im Fernsehen? Trinkst du zu viel Alkohol oder überisst du dich regelmäßig? Vertreibst du deinen Frust mit Shoppinglust oder bist du dem Glücksspiel verfallen?

Und wann suchen dich deine Zwänge heim? Wo überfällt es dich, so dass du die Herrschaft über dich selbst verlierst? Wann übernimmt etwas anderes die Führung und verleitet dich zum Exzess, den du hinterher bereust? Eine Unterstützung, um dies herauszufinden, bietet folgende Unterfrage zur dritten Frage von THE WORK: **Was für Süchte und Zwänge tauchen auf, wenn du diesen Gedanken glaubst?** In der Antwort auf diese Frage können die Auslöser für Suchtverhalten sichtbar werden.

Der Blick zurück zu den Anfängen eines Suchtverhaltens birgt oft Hinweise für befreiende Untersuchungen mit THE WORK. Wie fühltest du dich damals und womit hattest du zu ringen? Kannst du belastende Themen finden, unangenehme Herausforderungen, schwierige Beziehungsprozesse, vor denen du geflüchtet bist und vielleicht noch immer flüchtest? Hinter der Entstehung von Süchten und Zwängen steht häufig eine unbewältigte Lebensaufgabe oder gar eine Fülle ungelöster Themen.

Übung: Welche Zwänge oder Süchte hast du? Wann übernimmt „es" die Kontrolle? Wo kannst du in deinem Leben etwas nicht verändern, das aus dem Ruder gelaufen ist? Beobachte in diesen Tagen, was du exzessiv tust. Mache eine Bestandsaufnahme und schreibe anschließend ein Arbeitsblatt „Urteile über deinen Nächsten" über eine belastende Situation, der ein zwanghaftes Verhalten folgte. Falls du bemerkst, dass du einer Auseinandersetzung ausweichst, schreibe über die andere Person und deine Ängste.

Stelle zur dritten Frage stets die Unterfrage: *Welche Süchte und Zwänge tauchen auf, wenn du diesen Gedanken glaubst?*

»Zuerst hat man Drogen wegen seiner Probleme, dann hat man Probleme wegen seiner Drogen.«

Gerhard Uhlenbruck

38 Sex? – Lust im Abo

Er gibt immer zu reden, der Sex. Dabei ist er doch etwas zum Erleben. In diesen Tagen stellen wir uns dem Frust, der die Lust einer erfüllten Sexualität verhindert.

Seine Hand war ganz warm, als er sie auf meinen kühlen Bauch legte. Ich liebe diesen Kontrast von warm und kühl und auch die Art, wie er mich zärtlich streichelt: über den Bauch, die Oberschenkel, die Leiste, den Busen, die Lippen. An gewissen Stellen wirkt die Berührung elektrisierend. Sein Oberkörper liegt eng an meinem Rücken, seine Beine hinter meinen, ich spüre seinen Atem in meinem Nacken. Streicheln, kuscheln und dann ...

Bist du zufrieden und erfüllt, was Zärtlichkeit, Sinnlichkeit und die Sexualität in deinem Leben anbelangt? Im Verlauf unserer sexuellen Entwicklung vom Kind über die Adoleszenz zum jungen Erwachsenen, zum reifen Erwachsenen und bis ins hohe Alter erleben wir verschiedene Phasen mit unterschiedlichen sexuellen Bedürfnissen und auch Zeiten, in denen die Bedingungen nicht optimal sind und Verletzungen entstehen.

Konntest du als Kleinkind und Teenager, begleitet von verständnisvollen Eltern, deinen Körper frei erforschen, deiner Neugierde und Erregung nachgehen und dir dabei deine Unschuld bewahren? Oder wurdest du beschämt, hast verletzende Erfahrungen gemacht und vielleicht sogar Übergriffe erlebt? Fühlst du dich oft gehemmt oder voller Scham? Gelingt es dir, auch in einer längeren Beziehung das körperliche Zusammensein genussvoll zu gestalten? Äußerst du klar und frei deine Wünsche und probierst auch mal etwas Neues aus? Lässt du dich drängen und übergehst dich dabei, oder kannst du dich klar abgrenzen, wenn sich etwas für dich nicht gut anfühlt? Wie ehrlich bist du in deiner Sexualität? Wo traust du dich nicht, etwas zu tun oder zu sagen?

In meiner Ehe, nach der Geburt von zwei Kindern, war ich oft müde, und es fehlte mir die emotionale Nähe eines intimen Gesprächs. Meinem

Mann fehlte der Sex. Ich war im spontanen Äußern meiner Wünsche nicht gerade frei, doch ich war fantasievoll: Zum Geburtstag schenkte ich ihm ein Abo für zehn heiße Nächte. Verpackt zwischen zwei Nackt- fotos von mir stand auf jedem Gutschein eine Bedingung, wie der gemeinsame Abend zu beginnen habe: Ich wollte wieder mal einen rich- tigen Brief von ihm, also musste er den Wunsch nach der gemeinsamen Nacht schriftlich anmelden. Einmal mussten wir uns zuerst eine Massage schenken, oder wir benötigten einen Babysitter, denn ein gemeinsames Abendessen ohne Kinder ging dem körperlichen Zusammensein voraus. Zuerst ins Spa und dann ins Bett. Dieses Geschenk belebte nicht nur unsere Sexualität, es löste auch viele spannende Gespräche aus und so bekamen wir beide, was wir wollten.

Ups, ich merke gerade, es ist an der Zeit, mir in der jetzigen Lebensphase eine neue Wunschliste zu schreiben ...

Übung: Was für unerfüllte Wünsche hast du im Zusammenhang mit deiner Sexualität? Was würde in deinem 10er-Abo stehen? Wo bist du mit deinem Partner oder deiner Partnerin im Bett unzufrie- den? Was müsste sich für dich ändern?

Schreibe ein Arbeitsblatt „Urteile über deinen Nächsten" über ein sexuelles Zusammensein, das für dich frustrierend war, oder über eine verletzende oder beschämende Erfahrung aus deiner Kindheit oder Adoleszenz. Sei bei der Untersuchung achtsam und behut- sam mit dir.

»Denken ist wundervoll, aber noch wundervoller ist das Erlebnis.«

Oscar Wilde

39 Komm! – Geh! – Getrieben-Werden oder Getragen-Sein?

Steht eine Entscheidung an? Wie lange schiebst du sie schon vor dir her und weißt nicht, in welche Richtung es gehen soll? In diesen Tagen wenden wir uns inneren Widersprüchen zu, die uns in einem vagen Zustand halten und eine Entscheidung verhindern. Mit THE WORK nehmen wir uns der inneren Ambivalenzen an.

Ich sollte mich endlich entscheiden! – Nichts geschieht. Wochen verstreichen, und wir verharren weiter unzufrieden im ungeliebten Job, der unbefriedigenden Beziehung, der unpassenden Wohnsituation. Wir wissen nicht, ob wir den Freiwilligenjob annehmen, in die Weiterbildung einsteigen, zum Partner ziehen sollen oder nicht. Wir kommen einfach nicht ins Handeln. Ein Chor innerer Stimmen kommentiert und argumentiert, äußert für und wider und lässt uns nicht zur Ruhe kommen. Getrieben von einer inneren Unruhe tigern wir mit Gelüsten zum Kühlschrank, schenken uns ein Glas Wein zu viel ein oder decken uns mit Arbeit zu.

Kennst du deine inneren Stimmen? Wenn du ihnen Raum gibst, sich frei zu äußern, und aufschreibst, was sie zur anstehenden Entscheidung sagen, kannst du mit ihnen vertrauter werden. Eine meist gut bekannte innere Stimme kritisiert und verurteilt dich, treibt dich in eine bestimmte Richtung. Sie spricht von oben herab mit einem wissenden und missbilligenden Unterton, wie gestrenge Eltern zu ihrem Kind. Nennen wir sie die **fordernde** Elternstimme. Eine andere Stimme reagiert auf die Forderungen und will sie erfüllen. Sie tut alles, um zu gefallen und geliebt zu werden. Konflikten weicht sie aus, fügt sich, will es allen recht machen und dazugehören. Diese Stimme ist **angepasst**, manchmal sogar resigniert.

Genug des Bravseins und Gefallenwollens! Jetzt beginnt eine **rebellische** Stimme aufzubegehren. Plötzlich grenzt sie sich vehement ab, will ausbrechen, sich endlich das herausnehmen, von dem sie glaubt, dass es ihr zusteht. Mit trotzigem Unterton fordert sie ihr Recht.

Das Umfeld macht große Augen, wenn unvermittelt ein Rebell zum Vorschein kommt, der sich lange still verhalten hat. Schon weist die strenge elterliche Stimme den Trotzkopf wieder in die Schranken. Das Spiel beginnt von vorn.

In der Verwirrung, die dieser Stimmenchor in uns stiftet, muten wir uns anderen nicht gerne zu. Wir bleiben wechselhaft, vage, unpersönlich. Vielleicht verstummen wir sogar. Das ist dem Finden von Klarheit bei Entscheidungen nicht zuträglich. Bearbeiten wir die Überzeugungen der verschiedenen Stimmen, führt dies zwar meist nicht unmittelbar zu einer Lösung, doch es wird deutlicher, worin die Ambivalenz besteht. So können wir von Vertrauen getragen in uns die richtige Entscheidung heranwachsen lassen.

Übung: Wo kannst du dich nicht entscheiden, möchtest es aber gerne? Notiere das Thema und lasse sämtliche deiner Stimmen dazu sprechen. Schreib alles auf, was sie sagen.

Ordne dann entweder die Stimmen in *für* und *wider* eine Veränderung und untersuche Sätze von beiden Seiten. Oder – und das ist die komplexere Variante – ordne die Aussagen den drei oben beschriebenen Stimmen zu. Wie ist die Gewichtung? Untersuche von jeder Stimme Überzeugungen.

Danach fahre die Ernte ein, notiere deine Erkenntnisse. Bist du klarer geworden in deiner Ambivalenz?

>>Hast du die Geduld zu warten, bis dein Schlamm sich setzt und das Wasser klar ist? Kannst du regungslos verharren, bis die richtige Handlung sich von selbst ergibt?<<

Laotse, Tao Te King, Vers 15

40 Du lieber Gott! – Reklamationen beim Universum

Was? Mit THE WORK über Gott arbeiten? Darf man das? Ist das nicht Gotteslästerung? Schon meine ersten Untersuchungen zu diesem Thema waren so befreiend, dass ich es nur weiterempfehlen kann! Wagst du es hinzuschauen? Wie stehst du zu Gott und zur Schöpfung?

Zwar soll man sich von Gott kein Bild machen, doch wir haben eine Auffassung von Gottes Geboten und seiner Haltung uns gegenüber. Immer wieder erlebe ich Menschen, die schwer an strengen moralischen Glaubensvorstellungen aus ihrer Kindheit tragen. Grundsätze wie zum Beispiel büßen zu müssen, um sich von Sünden reinzuwaschen, werden als gottgewollt betrachtet. Sie verängstigen, blockieren und engen ein.

Vielleicht hat sich eines der Zehn Gebote oder ein Detail aus der Religionsgeschichte besonders tief bei dir eingeprägt:

Du musst dir den Himmel verdienen.

Ihr müsst zusammenbleiben, bis dass der Tod euch scheidet.

Jesus ist für uns am Kreuz gestorben.

Und dein Geist hat solche Gedanken mit weiteren Überzeugungen verwoben. Im Alltag zeigen sie ihre Wirkung, indem sie uns Angst machen und ein freies Handeln erschweren oder gar verunmöglichen. „Gott sieht alles. Gott straft sofort", klingt es mir noch in den Ohren. Am Morgen der heftige Streit mit der Mutter, dann das aufgeschlagene Knie, und das Kind schafft die Verbindung zur Strafe Gottes. Im Erwachsenenalter wirken solche Aussagen möglicherweise weiter, indem wir uns fragen, womit ein Mensch sich wohl seine Gürtelrose oder eine Krankheit wie Krebs „verdient" hat. Wir haben „Gottes Strafsystem" verinnerlicht und beginnen, über andere und uns selbst zu richten.

Welche Überzeugungen wirken noch heute in dein Leben hinein? Wo hast du einen richtenden, strafenden Gott in dir und spürst schnell die

Last von Schuldgefühlen? Fühlst du dich Gott gegenüber unbelastet? Prüfe, wo du in Bezug auf die Vorkommnisse auf der Erde etwas zu reklamieren hättest; der liebende Gott wird es mit einem Augenzwinkern zur Kenntnis nehmen. Erdbeben, Kriege, Hunger, Menschen auf der Flucht. So vieles scheint aus dem Lot. Was würdest du dir von Gott in der Welt oder in deinem Leben anders wünschen? Untersuche deine Überzeugungen zu Geschehnissen, die du weder zu lieben noch zu ändern vermagst, und es kann sich zeigen, wo bei dir Veränderung möglich ist.

Übung: Schreibe ein Arbeitsblatt „Urteile über deinen Nächsten" über das, was dich in Bezug auf Gott belastet, dich an der Schöpfung enttäuscht, was du ungerecht oder unfair findest. *Ich will, dass Gott der Gewalt ein Ende setzt.*

> *Er sollte die Menschen zur Besinnung rufen.*
>
> *Er sollte sie erkennen lassen, was sie anrichten.*
>
> *Ich brauche von Gott, dass ...*

Vielleicht haderst du auch mit etwas, das dir näher ist:

> *Ich bin enttäuscht von Gott, weil er meine Schwester in die Drogen abdriften lassen hat.*
>
> *Ich bin verzweifelt, weil ich keine Arbeit habe.*
>
> *Ich bin wütend auf Gott, weil er mir mein Kind/meinen Partner so früh genommen hat.*

Kannst du in den Umkehrungen finden, wie du selbst gelebt hast, was du an Gott bemängelst?

>»In Tempel, Kirchen und Moscheen habe ich geschaut. Gefunden habe ich das Göttliche in meinem Herzen.«

Rumi

Sequenz 11 Schuld und Scham

»Scham ist die perfekte Art und Weise,
um an einer Identität festzuhalten.«

Byron Katie

41 Du bist schuld! –
Auszug aus dem Opferland

„Opfer sind gewalttätig", sagt Byron Katie. Das ist eine starke Aussage, die zu verstehen vielleicht einiger Zeit und etlicher Arbeitsblätter bedarf. Verlassen wir das Opferland, so befreien wir uns von kränkenden Gefühlen und lösen negative Bindungen an Menschen und an die Vergangenheit auf. Es ist ein Weg in die Selbst-Ermächtigung, der viel Energie freisetzen kann.

Nichts vergiftet unsere Seele so sehr wie Hass, Groll und Ressentiments. Fühlen wir uns aufgrund von alten Verletzungen als Opfer, ist die Beziehung belastet und die eigene Lebensqualität beeinträchtigt. Die Liebe zur anderen Person ist oft über Jahre und vielleicht Jahrzehnte blockiert. Was eine Versöhnung so schwierig macht, ist, dass zwei Stimmen in uns im Widerstreit liegen. Dem Wunsch zu vergeben und Frieden zu finden steht das Bedürfnis zu verurteilen gegenüber. Je mehr wir uns als Opfer fühlen, desto stärker halten wir an unseren Urteilen fest und verhindern so den Frieden. Die Untersuchung unserer Überzeugungen ermöglicht es uns, die schmerzhaften Ereignisse in einem neuen Licht zu sehen und uns aus dem Opfer-Täter-Denken zu befreien.

Wann kippst du aus deiner Kraft und Selbstbestimmtheit und fühlst dich als Opfer ungerecht behandelt, herabgesetzt, chancenlos oder verletzt? Halte einen Moment inne und nimm dir Zeit hinzuschauen, in welchen Situationen das so ist oder war. Du kannst in deine Kindheit zurückgehen oder auch in die fernere oder unmittelbare Vergangenheit. Wem gegenüber empfindest du noch Groll? Womit bist du unversöhnt? Wem hast du noch nicht vollständig verziehen und wofür? Sei genau! Wurdest du von einem älteren Kind gehänselt oder geschlagen, bei der Arbeit unfair behandelt oder sogar gemobbt? Von deinem Mann/deiner Frau, einem Freund ungerechtfertigterweise beschuldigt oder beschämt? Notiere deine Antworten.

In der Untersuchung solcher Urteile wird oft deutlich, wie wir selbst zu Tätern wurden und vermeintlich zu Recht den anderen für sein Vergehen bestraften. So rächen sich Kinder oft an einem Elternteil: Sie fühlen sich als dessen Opfer und ziehen sich monate- oder jahrelang aus seinem Leben zurück. Wenn wir jedoch in der Untersuchung unseren eigenen Anteil an der Geschichte entdecken – und möglicherweise ist er nur ganz klein –, so ist eine große Transformation möglich. Sehen wir unseren eigenen Anteil, hat dies das Potenzial, uns aus unseren Opfergefühlen und in die Selbstverantwortung zu führen. Der Weg zur Versöhnung ist frei. Immer wieder erzählen mir Menschen berührende Geschichten, wie sie nach der Bearbeitung ihrer Arbeitsblätter die lange gemiedenen „vermeintlichen Täter" neu kennen und lieben lernten.

Übung: Schreibe ein Arbeitsblatt „Urteile über deinen Nächsten" über einen Menschen, der dich verletzt hat, der Schuld ist an deinem Unglück, von dem du vielleicht denkst, er oder sie sollte sich entschuldigen. Sei in der Untersuchung fair mit dir, wenn du deinen Anteil am Geschehen entdeckst und siehst, wo du dich geirrt hast, ja vielleicht sogar erkennst, wo du selbst gewalttätig warst (dir oder dem anderen gegenüber). Gehe nicht in eine Selbstbeschuldigung! In THE WORK geht es nie um Schuld, es geht um Selbstverantwortung und darum zu erkennen, was wahr ist.

> „Wenn du glaubst, dass dein Problem durch jemanden oder etwas verursacht wird, wirst du zu deinem eigenen Opfer."
>
> Byron Katie

42 Niemand darf es wissen –
Ich, der verheimlichte Täter

In unserem Inneren verbergen sich nicht nur Schätze, da sind auch düstere Verliese, die wir nach Möglichkeit unter Verschluss halten. Wir verbergen diese schuld- und schambesetzten Orte vor unseren Mitmenschen und sind sogar bemüht, sie selbst nicht zu sehen. Doch das Verheimlichen und Verdrängen hat seinen Preis. Es belastet und bindet Energie. Mit der Untersuchung unserer Überzeugungen öffnen sich die versiegelten Türen, und Licht und Luft können in diese dunklen Bereiche strömen.

Was hast du in deinem Leben getan oder unterlassen, wofür du dich schuldig fühlst? Wofür verurteilst du dich? Was lastet auf deinem Gewissen, das du am liebsten ungeschehen machen würdest?

Fühlst du dich schuldig, weil du deine Freundin belogen oder betrogen hast, einen geliehenen Geldbetrag nie zurückbezahlt hast oder deine Überlegenheit bei einem schwächeren Menschen, einem Kind oder Tier missbraucht hast? Hast du eine Machtposition ausgenutzt und dadurch andere geschädigt? Schämst du dich für deine Medikamenten- oder Drogensucht, oder weil du übergewichtig bist? Warst du einem Menschen gegenüber unehrlich, um zu deinem Vorteil zu kommen, oder hast du andere gedemütigt und in unfairer Weise kleingemacht? Hast du jemanden verraten, sexuell missbraucht oder eine Abtreibung vorgenommen, die du dir nie verziehen hast? Es können große und gewichtige oder scheinbar wenig bedeutungsvolle Themen sein, über die du schreibst.

Für mehrere Monate verbannte ich meine Mutter aus meinem Herzen und meinem Leben. Ich machte sie aufgrund dessen, was ich als Erziehungsfehler empfand, für meine Probleme verantwortlich. Später, als ich meinen Vater bei mir zu Hause betreute und er immer öfter über das Essen meckerte, war ich kleinlich und streng zu ihm. In einer anderen Situation vor vielen Jahren drückte ich den Preis für eine Halskette in einem „Drittweltland" massiv herunter; ich spürte nicht, dass der Betrag für die Frau wohl unter ihrer Schmerzgrenze lag.

Und während ich dies schreibe, merke ich, wie unwohl mir beim letzten, noch unbearbeiteten Beispiel ist, und wie ich Entschuldigungen für mich mitliefern möchte, damit man mich – bitte! – nicht für einen schlechten Menschen hält.

Ich habe bei dieser Frau den Preis für die Halskette zu sehr gedrückt. **Das bedeutet:** *Ich bin hart, unsensibel, unfair, erbarmungslos, eine Ausbeuterin, ich habe ihr Elend verschlimmert, ihre Geldnot missbraucht. Ist das wahr?*

Übung: Fasse dir ein Herz und konfrontiere dich in diesen Tagen mit Situationen aus deinem Leben, für die du dich schuldig fühlst und verurteilst. Horche in dich hinein. Schreibe eine Liste:

> *Ich fühle mich schuldig, weil ...*
>
> • *ich knausrig zu Vater war.*
>
> • *zu viel von Petra gefordert habe.*
>
> ...

Im nächsten Schritt wähle einen Punkt aus deiner Liste aus. Schreib auf, was es für dich bedeutet, dies getan oder unterlassen zu haben, wie oben im Beispiel mit der Halskette.

Nun untersuche mit THE WORK diese Sätze: *Ich bin hart, weil ich den Preis zu sehr gedrückt habe* usw. Bei der dritten Frage beantworte auch die Unterfrage: **Wie behandelst du dich selbst, wenn du diesen Gedanken glaubst?**

Auf diese Weise kannst du jeden Punkt auf deiner Schuldliste untersuchen.

»Jeder Heilige hat eine Vergangenheit und jeder Sünder hat eine Zukunft.«

Oscar Wilde

43 Das Gewicht der Schuld – Wiedergutmachung

In der Regel spüren wir, wenn wir etwas getan haben, das nicht rechtens war. Die ganze Leichtigkeit kommt uns abhanden, wenn wir in Selbstbeschuldigungen stecken bleiben. Untersuchen wir, was wir glauben, so können wir aus der Sackgasse der Schuldgefühle aussteigen. Wiedergutmachung bringt uns zurück in ein inneres Gleichgewicht.

Manche Menschen nehmen sich ihr eigenes Handeln sehr zu Herzen, andere können sich die Dinge gut schönreden. Je länger ich mit THE WORK arbeite, desto weniger funktioniert letzteres. Habe ich etwas getan, das sich nicht ehrlich anfühlt, empfinde ich Unbehagen. Reagiere ich nicht darauf, folgen früher oder später Schuldgefühle. Ich bleibe in der Haltung hängen: *Ich hätte das nicht tun sollen!* Das ist Krieg mit der Vergangenheit und wirkt wie ein Schleier vor der Wirklichkeit. Es ist ein Nicht-wahrhaben-Wollen dessen, was geschehen ist. Gerade, indem ich es von mir schiebe, binde ich mich an die andere Person, die Vergangenheit, das schwierige Ereignis.

Die Untersuchung kann uns aus dieser Falle herausführen. Mir zeigt sie, wie ich mich selbst mit abwertenden Gedanken bestrafe, wenn ich gegen mein Gewissen gehandelt habe. Der Blick auf die verhängnisvolle Situation ohne meine Selbstanklage gibt mir Klarheit darüber, was für mich richtig und ehrlich gewesen wäre. Dieses neue Bewusstsein kann ich in eine nächste Situation mitnehmen.

Die Umkehrung des obigen Satzes: *Ich hätte das tun sollen!* klingt ketzerisch. Doch was geschehen ist, ist geschehen. Diese Umkehrung ist ein volles Annehmen dessen, was ich getan habe. *Was lerne ich daraus?* Seit der Untersuchung meiner Gedanken über das Feilschen (siehe Kapitel 42) ermuntert mich meine schöne Halskette, die ich zuvor kaum mehr anziehen mochte, großzügig und in Verbindung zu mir und meinem Gegenüber zu sein.

Wir können nicht ungeschehen machen, was wir getan haben. Doch wenn wir Verantwortung übernehmen und Wiedergutmachung leisten, finden wir zum inneren Gleichgewicht zurück und befreien uns von der drückenden Last der Schuld.

Hast du etwas getan, wofür du dich schuldig fühlst, so frage dich, was für einen Vorteil du dir dadurch erhofft hast, und offenbare dich. Es kann ganz schön unbequem sein, einer Person einzugestehen, warum du sie angelogen hast. Doch Versteckspiele sind auf die Dauer viel anstrengender. Frage dein Gegenüber, wie du das wieder gutmachen kannst. Wenn du es nicht über dich bringst oder es sich nicht richtig anfühlt, direkt zu fragen, finde einen anderen Weg, es wieder gutzumachen.

Manchmal ist Wiedergutmachung nicht direkt möglich: Die Verkäuferin der Halskette ist nicht mehr ausfindig zu machen. Doch ich kann andere Menschen in Not unterstützen. Meine Mutter ist früh gestorben, und ich konnte ihr gegenüber zu Lebzeiten mein Herz nicht mehr so öffnen, wie ich es rückblickend gerne getan hätte. Später habe ich der Mutter meines Partners liebevoll und schützend beigestanden, so oft ich konnte.

Übung: Arbeite mit weiteren Themen deiner Schuldliste vom letzten Kapitel. Schreibe jeweils deine Liste ... *und das bedeutet* ... und untersuche die Sätze. Was erkennst du? Dann leiste Wiedergutmachung. Manchmal geschehen Wunder, wenn wir auf diese Weise aus der Schuld und in die Verantwortung treten.

> »Nimm wahr: Abgesehen davon,
> was du gerade denkst und glaubst,
> geht es dir gut?«
>
> Byron Katie

44 Im Korsett der Scham – Befreite Selbstliebe

Jeder hat sie, niemand will sie. Sich der Scham zu stellen, ist eine Herausforderung, denn sie lässt sich nicht gerne fassen. Wenn wir uns dennoch auf sie einlassen, hält sie Geschenke für uns bereit. Hast du den Mut, hinzuschauen und dir dabei vielleicht ein Stück näherzukommen?

Arbeite ich in Seminaren zum Thema Schuld und Scham, breitet sich im Raum eine drückende Schwere aus. Es wird ganz still, die Teilnehmenden suchen in sich gekehrt nach Beispielen, wofür sie sich schämen, schreiben ihre Listen. Nach der Bearbeitung der belastenden Überzeugungen dann der Kontrast: Da ist große Verbundenheit untereinander und heitere Gelassenheit wahrnehmbar.

An sich sind Schamgefühle nichts Negatives. Sie regeln das soziale Verhalten und helfen uns, in einem neuen Umfeld herauszufinden, wie wir uns verhalten müssen, um angenommen zu werden. Sie lassen uns Grenzen spüren und unsere Integrität wahren. Als feines Barometer unseres Taktgefühls, tragen sie zu unserer Charakterbildung und zum Finden unserer ethischen Werte bei. Manchmal jedoch blockieren Schamgefühle den freien Fluss der Selbstliebe.

„Schäm dich, das macht man nicht!" So zurechtgewiesen fühlt sich das Kind peinlich berührt, verachtet, beklommen. Auch als Erwachsene winden wir uns und würden am liebsten im Erdboden versinken, wenn wir bloßgestellt werden. Erröten, Schweißausbrüche oder Zittern können folgen. Wann schämst du dich? Kennst du Gedanken die „man" in unserer Gesellschaft nicht denken darf, die tabu sind, wie z.B.: *Es wäre besser, er könnte sterben?* Hast du schon Scham gefühlt, weil du gegen deine Integrität verstoßen hast: *Das war nicht ehrlich,* oder für Heimlichkeiten wie eine Ess-Brech-Sucht oder andere maßlose Verhaltensweisen? Schämst du dich schon, wenn du eigenen oder fremden Ansprüchen nicht genügst? Bei manchen Menschen, die eine ihrer tiefen Wahrheiten offenbaren, folgt ein beschämtes Lachen. Es ist, als wäre es gefährlich, ganz man selbst zu sein.

Scham gilt es nicht zu heilen, wegzumachen – also schamlos zu werden –, sondern zu fühlen, anzunehmen und durchzustehen. Bist du bereit, das Korsett deiner Scham anzuschauen und zu befreien, was sich darunter zeigt? So kann es leichter gelingen, frei du selbst zu sein.

Übung: In diesen Tagen lade ich dich ein, einen freundlichen Blick auf deine „Unvollkommenheiten" zu werfen und zu schauen, wo du dich im Korsett der Scham gefangen hältst. Horche tief in dich hinein, denn bei diesem Thema verstecken sich die Antworten gerne. Wofür schämst du dich? Wo hast du Gedanken, die „man" nicht hat? Wo unerfüllte Selbst- und Fremdansprüche? Schau auch, wofür du dich in der Kindheit geschämt hast. Nimm dir Zeit und notiere alle deine Antworten.

> *Ich bin zu gefräßig.*
>
> *Ich schäme mich dafür, dass ...*
> - *ich so bedürftig bin.*
> - *ich nicht auf mich gehört habe.*

Frage dich in einer Meditation zu jedem Punkt: Kann ich mich mit dieser Scham annehmen? Warte auf die Antwort. Kommt ein Ja, fühle die Antwort, dann gehe zum nächsten Punkt. Ist die Antwort ein Nein, frage dich, ob du dich mit dem Nein annehmen kannst. Wenn nicht, untersuche: *Ich hätte nicht wünschen sollen, Vater dürfe sterben.*

Jenseits der Fessel blockierender Scham wartet eine Perle. Hast du sie gefunden?

»Scham ist die perfekte Art und Weise um an einer Identität festzuhalten.«

Byron Katie

Sequenz 12 Körper, Krankheit, Tod

»Freiheit kann man
an den dunkelsten Orten finden.
Dies zu erkennen
ist atemberaubend schön.«

Byron Katie

45 Befangen im Körper – Versöhnung mit dem Spiegel

Wie stehst du zum Körper, zum Tempel, den du ein Erdenleben lang bewohnst? Behandelst du ihn liebevoll und mit Sorgfalt? Gibst du ihm, was er braucht? Wie frei bewegst du dich in und mit ihm? In diesen Tagen nähern wir uns dem Köper an, indem wir uns mit unversöhnten Aspekten unserer Beziehung zu ihm auseinandersetzen.

Die ersten Monate und Jahre in unserem Körper wurden wir mehr oder weniger gut versorgt. Nach und nach haben wir gelernt, selbst zu ihm zu schauen. Wie tust du das? Weißt du, was ihm bekommt? Die Bedürfnisse des Körpers ändern sich in den verschiedenen Lebensphasen. Passt du seine Versorgung jeweils an und ernährst dich mit Esswaren, die ihm zuträglich sind? Vernachlässigst du deinen Körper? Isst du zu wenig oder zu einseitig, genug oder stets zu viel? Sitzt du den ganzen Tag oder bewegst du dich auch? Treibst du gar exzessiv Sport? Wie achtsam schaust du zu dir? Hörst du auf deinen Körper, auf das, was er dir sagt?

Als mein Sohn noch ein Baby war und ich mit ihm vor einem Spiegel stand und er erstmals sein Spiegelbild wahrnahm, erfasste ein freudiges Strampeln das gesamte kleine Wesen. Eine Welle der Faszination ergoss sich von Kopf bis Fuß. Wie ist es, wenn du dich im Spiegel betrachtest? Wie stehst du zu dem, was da ist? Schaust du mit Liebe hin oder siehst du vor allem die Makel – oder das, was du als Makel wertest? Bleibt dein Spiegel hängen?

In jungen Jahren nahm ich an einem Selbsterfahrungsworkshop teil, im Rahmen dessen die Teilnehmenden unerwartet aufgefordert wurden, sich nacheinander nackt vor die bekleidete Gruppe zu stellen und sich von allen Seiten begutachten zu lassen. Wir wurden gebeten, die damit einhergehenden Gefühle zu beschreiben. Die anderen wurden aufgefordert mitzuteilen, was sie sahen. Ich fühlte mich befangen und angespannt. Wie würde es dir ergehen, dich so zu präsentieren? Welche Körperteile würdest du dabei lieber verbergen oder gar vorher auswechseln?

In meinem ersten Arbeitsblatt über den Körper, durch das mich eine große, schlanke Frau führte, beanstandete ich meine fülligen Oberschenkel. Auch ihr Thema war ihr Körper, und als ich sie begleitete, las sie zu meiner Belustigung: Meine Oberschenkel sollten nicht so dünn sein. Ein andermal arbeitete ich mit einer jungen Frau, die an ihrer Schule Schönheitskönigin ihres Jahrgangs war. Sie beanstandete, dass ihre Beine zu lang waren. Egal wie wir aussehen – der Verstand findet stets etwas auszusetzen.

Höre deinem wertenden Verstand zu: Was sagt er zu deinem Körper?

Übung: Nimm ein Arbeitsblatt „Urteile über deinen Nächsten" und fülle es über deinen Körper oder über einen spezifischen Körperteil deiner Wahl aus:

> *Ich bin enttäuscht von meinem Körper, weil ...*
> *Ich bin frustriert über meine Beine, weil ...*

Dann untersuche.

Sätze über den Körper oder Köperteile können wir entweder in ihr Gegenteil umkehren, oder wir können *Körper* bzw. den gewählten Körperteil durch *Mein Denken* oder *Meine Gedanken* ersetzen:

> *Meine Oberschenkel sollten nicht so füllig sein. /*
> *Mein Denken (speziell über meine Oberschenkel)*
> *sollte nicht so füllig sein.*

Öffne deinen Geist beim Finden der Beispiele für die Umkehrungen.

> »Wenn du erkennen würdest,
> wie schön du bist, würdest du dich selbst
> zu deinen Füßen legen.«

Byron Katie

46 Reife und Zerfall – Mit Runzeln schmunzeln

Krankheiten, Unfälle, Behinderungen und der unausweichliche Alterungsprozess halten unsere Gedanken beschäftigt. Was macht es mit dir, in einem verwundbaren, anfälligen Körper zu leben? Wie viel von deiner Aufmerksamkeit beansprucht er? Was fühlst du im Hinblick auf seine Vergänglichkeit?

Nach jugendlichem Hadern mit meinem nicht ganz perfekten Körper fand ich eine ganz gute Beziehung zu ihm. Ich fühlte mich von innen heraus darin wohl und war zufrieden. So glaubte ich jedenfalls, bis ich ihn wieder einmal genauer in Augenschein nahm. Zur Hintertür hatten sich nämlich neue Ansprüche hereingeschlichen: Die Verdauung müsste besser funktionieren, der Nacken sollte nicht schmerzen, die Sicht nicht nachlassen und die Haut nicht austrocknen. Ich sollte durchschlafen und morgens nicht so früh erwachen, weniger müde sein! Kurz: Mein Körper sollte besser funktionieren!

Kennst du ähnliche Gedanken? In welcher Hinsicht trifft das auf *deinen* Körper zu? Notiere deine eigenen belastenden Variationen zum Thema und wähle ein Beispiel. So kannst du in der folgenden Erforschung mit THE WORK deine eigenen Antworten finden.

Mein Körper sollte besser funktionieren!

1. Ist das wahr? *Ja!*

2. Kann ich mit absoluter Sicherheit wissen, dass es wahr ist? *Nein.*

3. Wie reagiere ich, was geschieht, wenn ich den Gedanken glaube? Unterfrage: **Wie behandle ich meinen Körper, wenn ich diesen Gedanken glaube?** *Ich gehe über ihn hinweg, lehne mich auf, will nicht wahrhaben, was ist, gönne ihm keine Ruhe, bin rastlos, verunsichert, ängstlich und nicht geerdet. Ich fühle mich als Opfer, benachteiligt, finde es unfair. Ich bin unkonzentriert und unproduktiv.*

4. Wer wäre ich ohne den Gedanken: Mein Körper sollte besser funktionieren? *Ich merke, wie viel Anspannung in meinem Körper ist, wie viel Auflehnung. Ohne den Gedanken ist es wie ein Heimkommen, ein In-mir-Ankommen. Der Widerstand löst sich und Entspannung geschieht, aufatmen. Jetzt kann ich schauen, was er braucht. Ohne den Gedanken behandle ich meinen Körper sorgsam und liebevoll, bin in Frieden mit ihm und den Umständen, kann über meine Runzeln schmunzeln und tue ihm Gutes!*

Die Umkehrung: *Mein Körper sollte nicht funktionieren.* Wofür könnte das gut sein? Beispiele:

1. *Ich habe den Körper lange überfordert und nicht auf ihn gehört, jetzt fordert er mich zum Dialog und zur Rücksichtnahme auf.*

2. *In diesem Zustand kann ich gar nicht mehr vorpreschen wie bisher, ich muss es ruhiger angehen, und das gibt mir Raum zur Besinnung und Neuorientierung.*

3. *Es taucht auch Dankbarkeit auf. Bisher funktionierte mein Körper gut. Dies ist nicht selbstverständlich.*

Umkehrung: *Mein* Denken *sollte funktionieren. – Ja, es sollte kooperieren, sich mit den Gegebenheiten anfreunden!* Byron Katie stellt dazu die treffende Frage: „Was würdest du wählen? Einen jungen und flexiblen Körper oder junge und flexible Gedanken?"

Übung: Beobachte in diesen Tagen deine Beziehung zu deinem Körper. Wo funktioniert er nicht so wie gewünscht? Schreibe deine Gedanken auf und wähle ein Thema aus für ein Arbeitsblatt „Urteile über deinen Nächsten". Macht dir das Altern Mühe, kannst du dein Arbeitsblatt auch darüber schreiben. Wie wirkt sich deine Untersuchung auf deine Beziehung zum Körper oder zum Älterwerden aus?

»Es gibt keine körperlichen Einschränkungen – nur gedankliche.«

Byron Katie

47 Letzten Endes –
Wie der Tod seinen Schrecken verliert

In den meisten gegenwärtigen Kulturen auf unserem Planeten hat der Tod einen schlechten Ruf. Die Angst vor dem Tod entspringt wohl unserer starken Identifikation mit dem Körper. Den Verlust der Kontrolle über den Körper, sei es über den eigenen oder den von Menschen, die wir lieben, nehmen wir als Bedrohung wahr. In dieser Woche bist du eingeladen, hinter diese Ängste zu schauen, um einen neuen Blick auf das Geschehen, das wir Sterben und Tod nennen, zu erhaschen und diese Erfahrungen als einen Teil des Lebens und nicht als dessen Gegenteil zu sehen.

Was sind deine größten Ängste in Bezug auf das Sterben und den Tod? Bedrohen dich Herzrhythmusstörungen und die Gefahr, dass ein Herzinfarkt dein Leben plötzlich beenden könnte? Oder fürchtest du dich vor einem Hirnschlag? Hast du Angst, dass eine unheilbare Krankheit wie zum Beispiel Krebs in dir heranwächst? Befürchtest du, die Herrschaft über deinen Körper zu verlieren und bettlägerig, vielleicht sogar einnässend deinen Lieben oder dem Pflegepersonal zur Last zu fallen? Graut dir davor, langsam und unter starken Schmerzen zu sterben?

„Ich sollte endlich meine Patientenverfügung schreiben", habe ich schon oftmals Menschen sagen hören, es auch mehrmals selbst gesagt und doch wieder vergessen. So gern wir wegsehen würden, täglich und unausweichlich kommt der Tod näher. Bei manchen schleichend, bei anderen ist er plötzlich da. Zu früh? Zu unerwartet? Keine Gelegenheit mehr, die Angelegenheiten zu regeln, ein Testament zu schreiben, sich zu verabschieden von den geliebten Menschen? Wir werden nicht gefragt.

Was bedeutet der Tod für dich? Hast du dir schon einmal die Zeit genommen, dieser Frage nachzugehen und auf Antworten aus der Tiefe zu lauschen? Wärest du in Frieden, wenn du jetzt von der Lebensbühne abtreten müsstest? Bist du bereit für das große Loslassen, den Moment, in dem du nichts (mehr) zu sagen hast, nichts zu tun, wo alles Wollen, Sollen und Müssen ein Ende nimmt?

Mit unseren Ängsten und Sorgen projizieren wir alle möglichen negativen Ereignisse in die Zukunft. Bringen wir diese jedoch aufs Papier, zeigt uns die Untersuchung die andere Seite – das, was die jeweilige Herausforderung an Kostbarkeiten für uns bereithält.

Übung: Suche dir eine konkrete Situation aus deinem Leben, in der eine dir nahestehende Person verstorben ist oder schwer erkrankt im Sterben liegt. Eine Situation, die schmerzhaft für dich war oder ist. Schreibe deine stressvollen Gedanken darüber auf ein Arbeitsblatt „Urteile über deinen Nächsten". Nimm einzelne Sätze daraus und untersuche diese mit einem Arbeitsblatt „Untersuche eine Überzeugung". Suche für jeden Tag eine Umkehrung, auf die du deine Aufmerksamkeit für diesen Tag richten möchtest. Lasse dich von der Umkehrung durch den Tag führen und erlaube dir, dem Tod in deinem Alltag zu begegnen, zum Beispiel: *Sie sollte ihr Sterben akzeptieren.* Umkehrung: *Ich sollte mein Sterben akzeptieren* oder *Ich sollte ihr Sterben akzeptieren.* Jede Untersuchung eines Gedankens ist ein kleiner Tod.

»Wir gehen alle zum selben Ort,
wir erreichen ihn jedoch
auf unterschiedlichen Wegen.«

Byron Katie

48 Im ewigen Kreislauf –
Meditation über die Vergänglichkeit

Es ist ein reges Kommen und Gehen auf dieser Erde, ein ewiger Kreislauf von Entstehen und Vergehen, von Aufbau und Zerfall. Lass dich auf eine Reise zwischen Vergänglichkeit und Ewigkeit entführen. Reisegepäck brauchst du keines, geeignet ist ein ungestörter Zeit-Raum und vielleicht ein dir nahestehender Mensch, der dir die Sätze langsam und mit Pausen vorliest. Oder du nutzt ein Aufnahmegerät und spielst alles in geeigneter Weise für dich ab.

Mache es dir sitzend mit aufrechter Wirbelsäule oder liegend bequem. Verbinde dich ganz mit deinem Körper und fühle ihn von innen heraus. Schließe die Augen und nimm drei tiefe Atemzüge. Bei jedem Ausatmen lasse los. Während du loslässt, bemerke, wie auch das Einatmen ein Loslassen ist.

Ganz mit deinem Körper verbunden, reise nun zehn Jahre zurück in die Vergangenheit. Wer bist du in deinem Körper? Lass dir Zeit, es zu erleben. Geh in Zehn-Jahres-Schritten zurück. Wie fühlst du dich jetzt? Wer bist du in deinem Körper? Und weitere zehn Jahre zurück. Jetzt bist du zwanzig. Wer bist du in deinem Körper als Teenager, als Erstklässler, als dreijähriges Kind? Lass dir Zeit. Sind da keine konkreten Erinnerungen mehr, so geh dennoch weiter zurück. Gerade spricht dieses Kind die ersten Worte. Wer bist du in diesem Körper? Es macht die ersten Schritte, dreht sich das erste Mal alleine vom Rücken auf den Bauch. Jetzt ist da der Moment der Geburt, die neun Monate im Fruchtwasser. Kleiner und kleiner und kleiner, bis zum Moment der Zeugung.

Dann geh weiter hinaus in die Zeit, bevor du gezeugt wurdest. Wer bist du ohne deinen Körper? Kehre nun wieder um.

Die Zeugung. Mit acht Wochen: Dein Köpfchen macht etwa die Hälfte deiner Körperlänge aus. Du nimmst erste Sinneseindrücke wahr, beginnst zu strampeln. Noch ist deine Haut transparent. Wer bist du in deinem

Körper? Du hörst die Stimme deiner Mutter, schlägst Purzelbäume im Fruchtwasser, öffnest erstmals deine Augen. Du reagierst immer sensibler auf äußere Reize. Es ist eng. Aus dem Wasser an die Luft. Wer bist du in deinem Körper? Du atmest, schreist, trinkst, wächst heran, sprichst, erzeugst erste Überzeugungen. Kommst zur Schule, lernst einen Beruf, wirst erwachsen. Wer bist du in deinem Körper? Vielleicht zeugst du selbst Kinder. Wer bist du in deinem Körper? Erlebe nun in Zehn-Jahres-Schritten, wie er sich verändert, bis zu deinem jetzigen Alter. Verweile in deinem Körper, nimm deinen Atem wahr.

Jetzt reise darüber hinaus, bis ins hohe Alter. Das Gesicht wird runzelig, die Haut faltig. Wer bist du in deinem Körper, der mehr und mehr austrocknet, der nicht mehr alles mitmacht? Jetzt stell dir vor, es ist noch eine Woche bis zu deinem Tod, noch eine Stunde, jetzt – dein letzter Atemzug. Wer bist du jetzt, ohne deinen Körper? Drei Tage nach dem Tod? 40 Tage?

Und noch einmal: Kehre um, geh zum Moment des Todes, zu den letzten Tagen, Wochen, Jahren und weiter zurück, bis du wieder ganz im Jetzt, in deinem Körper, in deinem Atem ankommst. Wer bist du in deinem Körper?

Übung: Lass das Erlebte auf dich wirken und notiere deine Erkenntnisse. Wenn du magst, kannst du deine Reise mit einem ruhigen Trancetanz abrunden.

»Vergangen nicht, verwandelt ist, was war.«

Rainer-Maria Rilke

Sequenz 13 Wer bin ich ohne meine Geschichte?

»Die Wirklichkeit ist immer
freundlicher als die Geschichte,
die wir über sie glauben.«

Byron Katie

49 Recht haben oder frei sein? – Der Kampf des Egos

Willst du lieber recht haben oder frei sein? Klare Frage, klare Antwort: „Ich möchte frei sein!" Leichter gesagt, als getan! Ein großer Teil aller Konflikte entzündet sich daran, dass beide Parteien im Recht sein wollen. Wir ergründen, was für Überzeugungen uns von der erwünschten Freiheit trennen.

Als mir eine Freundin klar und bestimmt einen meiner unangenehmen blinden Flecken vor Augen führte, verhärtete sich mein Körper unmittelbar, und alles in mir setzte zur Verteidigung und Rechtfertigung an. Ich erlebte, wie ich aufrüstete, um mich mit mindestens acht Armen zu wehren. Dies wohl deshalb: Sie hatte recht! Als ich erkannte, was in mir vorging, fiel die Rüstung von mir ab, ich konnte mich wieder öffnen und mit ihr die Situation anschauen. Das Gespräch war erhellend, und wir verabschiedeten uns befreiten Herzens.

Was macht es uns so schwer, dem anderen recht zu geben? Das Entweder-Oder? Entweder er hat recht oder ich? Oder sind es unsere Interpretationen von recht haben und im Unrecht sein, die es so schwer machen? Wenn wir das Gefühl haben, von einem Gegenüber ins Unrecht gesetzt zu werden, fühlen wir uns vielfach gekränkt und reduziert und beginnen uns zu wehren. Das führt zu einem Machtkampf und in die Verstrickung. Dualitäten wie richtig und falsch, gut und schlecht, wichtiger und nichtiger stehen zwischen uns und rauben uns die Freiheit zu einem Austausch der Perspektiven.

Was macht es so attraktiv, sich im Recht zu fühlen? Unsere Überzeugungen versprechen viele Vorteile: (Vermeintlich) Recht zu haben verleiht Bedeutung, Wichtigkeit, wertet uns auf. Doch wird dieses Versprechen je eingelöst? Fühlen wir uns wirklich besser, wenn wir gewinnen und das Gegenüber verliert? Mit unserem Beharren bauen wir Mauern zwischen uns und dem Gegenüber, und die ersehnte Verbundenheit und Nähe werden unmöglich. Ich fühle mich zwar unwohl, aber nein, ich gebe *trotz*dem nicht klein bei!

Besonders schwierig, nicht in die Falle von recht haben wollen, Verteidigung und Rechtfertigung zu tappen, ist es, wenn das Gegenüber aggressiv und vorwurfsvoll kommuniziert. Doch gerade dann sind obige Reaktionen Öl ins Feuer des Konfliktes. Wir vergessen, dass der andere aus seiner Sicht recht hat. Kann ich wirklich zuhören und differenziert zustimmen, wo ich seinen Standpunkt teile, ohne dabei mich und meine Wahrheit zu verlassen? Auf diese Weise bleibt die Tür für ein konstruktives Gespräch offen.

Übung: In welchen Beziehungen, flammt bei dir das Recht-haben-Wollen auf? Finde eine konkrete Situation, in der du recht haben wolltest oder dich verteidigt oder gerechtfertigt hast. Schreibe eine Liste deiner Befürchtungen:

Wenn ich ihr/ihm recht gebe, dann ...
- *habe ich versagt.*
- *gewinnt er/sie.*
- *gebe ich ihm/ihr Macht über mich.*
- *gestehe ich Schwäche ein.*
- *muss ich mich fügen.*

    ...

Untersuche.

Zum Schluss ersetze *Wenn ich ihr/ihm recht gebe ...* mit *Wenn ich mich rechtfertige und verteidige ...* und lies deine Liste so, wie du sie geschrieben hast. Ist das genauso wahr?

Willst du frei sein? Dann wirf beim nächsten Konflikt, in dem du recht haben willst, einen Anker! Notiere, was du dir davon versprichst, und schenke dir die Zeit für eine Untersuchung.

»Es gibt kein Versagen. Es gibt nur einen Verstand, der mir sagt, dass ich versagt habe.«

Byron Katie

50 Keine Angst vor dem freien Fall – Geborgen im Loslassen

Wir geben uns gerne gelassen und souverän – über den Dingen stehend. Doch wie frei sind wir wirklich? Woran halten wir fest? Was kontrollieren wir? Mit der Frage **Was ist das Schlimmste, das geschehen könnte?** werfen wir einen Blick auf starke Anhaftungen und wagen vielleicht den Sprung ins Leere.

Ich hatte eine Lebensphase, in der ich bemüht war, neben Beruf und Haushalt alles um mich herum unter Kontrolle zu halten: die Eskapaden meines Ehemannes, die schulischen Leistungen meines Sohnes und die emotionalen Schwankungen meiner Teenager-Tochter. Dies ging so lange gut, bis ich eines Tages mit massiven Kopfschmerzen und Verdacht auf eine Hirnblutung mit Blaulicht ins Krankenhaus eingeliefert wurde. Eine Woche später kehrte ich ohne pathologischen Befund heim und wollte gleich in den gewohnten Alltag zurück. In der darauf folgenden, schlaflosen Nacht erkannte ich jedoch all meine unnützen Anstrengungen und dass ich einiges loslassen musste.

Schon bei Zweijährigen können wir beobachten, wie sie versuchen, Kontrolle auszuüben und die Eltern zu manipulieren. Gerade war meine Enkelin drei geworden, als sie erstmals zu mir sagte: „Ich weiß." Bald glauben wir nicht nur zu wissen, sondern es besser zu wissen, und wir erwarten, dass auch andere in unserem Sinne handeln. So versuchen wir, nicht nur unser eigenes, sondern auch das Leben unserer Nächsten in den Griff zu kriegen. Spätestens wenn das nicht gelingt, leiden wir.

Die Frage **Was ist das Schlimmste, das passieren könnte?** führt uns zu den größten Ängsten. Vielleicht befürchtest du, dass dein Hab und Gut den Flammen zum Opfer fällt, du schwer erkrankst oder dass du einen dir nahestehenden, geliebten Menschen verlierst. Besonders stark sind die Anhaftungen an den Körper und an eigene Kinder. Meine Untersuchungen zu meinen Ängsten, die Kinder zu verlieren, gehören zu den tiefsten und befreiendsten, die ich erlebt habe. Sie zeigten mir, wie stark es dabei vor allem um mich selbst und mein persönliches Befinden geht, denn letztlich weiß ich nie, was für sie das Beste ist. Damit wurde mir ein tiefes Vertrauen ins Leben und eine freiere Beziehung zu meinen Kindern geschenkt.

Inzwischen haben sich viele meiner Kontrollmechanismen verflüchtigt, doch andere, subtilere kommen nach. Wer wäre ich ganz ohne das Verlangen, irgendetwas zu kontrollieren? Ich lausche in mich hinein, warte, stelle mir die Frage wieder und wieder. Die Antwort ist ein ganz waches, entspanntes Da-Sein.

Übung: Was ist das Schlimmste, das dir passieren könnte? Schreibe deine größten Befürchtungen auf. Wähle davon ein Thema aus. Wenn ... eintreffen würde, was wäre dann das Schlimmste was passieren könnte? Notiere es. Und wenn *das* zuträfe, was wäre dann das Schlimmste? Und wenn das zuträfe? Lass dich in deine Besorgnis fallen, so weit du magst. Schreibe alle deine Antworten auf und untersuche sie. Beispiel: *Er/Sie verlässt mich. Ich falle in eine Depression. Ich kann nicht mehr arbeiten, meinen Lebensunterhalt verdienen. ...*

Vertraue ins Loslassen, indem du nach der Untersuchung deine Gedanken auch folgendermaßen umkehrst: *Das Beste, was mir passieren kann ist, dass er/sie mich verlässt.* Öffne deinen Geist und finde drei Beispiele, wie das wahr sein könnte.

> »Die perfekte Welt wird erschaffen,
> wenn der Verstand frei ist,
> sie zu sehen.«
>
> Byron Katie

Das Ende der Suche – Endlich erwachen!

Was ist es letztlich, wonach wir suchen? Ist es etwa das verlorene Para-dies? In diesem Kapitel betrachten wir die Fallen, die uns mit THE WORK und im Leben begegnen können, und ahnen dabei, wie wir verhindern zu finden, wonach wir suchen.

Ist es Glück, Liebe, Erfüllung, innere Freiheit, Frieden, Erleuchtung oder etwas ganz anderes, wonach du dich sehnst? Bei mir war es lange Zeit das Erwachen. Nach meiner ersten 14-tägigen, intensiven Erfahrung mit THE WORK fühlte ich mich weit und befreit. Auch meinen Mitmenschen fiel die Veränderung auf. Mein Ehemann diskutierte sogar mit seinem Freund, ob ich wohl erleuchtet sei. Ich hatte mich das auch gefragt, und das zu hören schmeichelte meinem Ego. Zwei Wochen später fiel mir jedoch auf, dass ich mich irgendwie seltsam benahm. Plötzlich merkte ich, was es war. Ich versuchte, mich wie eine Erleuchtete zu verhalten. Lachend sah ich die Fallen, die Täuschung und entließ das Thema aus meinem Leben. Der Verstand ist äußerst trickreich und greift sich alles, um es in seinem Sinne zu verwenden. Dabei kriechen wir ihm unmerk-lich auf den Leim – jedenfalls mir geht es so. Er lockt mit Erfüllung in der Zukunft. Nur, dass wir diese nie erreichen können. Während des Suchens übersehen wir, was wirklich ist. Erfahren wir dennoch Momente von Glück oder Frieden, so wollen wir sie festhalten. Und schon sind sie zerronnen.

Mit THE WORK lernen wir, nicht mehr all das zu umschiffen und zu verdrängen, was uns verunsichert, verängstigt und unbequem ist. Ja, wir können es sogar für uns nutzen. Doch manchmal meinen wir es zu gut damit. Nicht jede unangenehme Emotion muss gleich eine Untersuchung nach sich ziehen. Manchmal will ein Gefühl einfach gefühlt und ange-nommen werden, und dann löst es sich von alleine auf.

Ermuntert von positiven Erfahrungen glaubt der Verstand, mit der Unter-suchung stets die erwünschten Resultate zu erzielen. Dies kann dazu führen, dass wir die Fragen mit einer Erwartung beantworten: dass die

Beziehung sich verbessert, wir abnehmen, wir mit dem Flüchtlingselend zurechtkommen, die negativen Emotionen verschwinden. Dabei geht die Kraft der Wahrheit verloren, denn das Motiv färbt unsere Antworten. Etwas „wegzuworken" funktioniert nicht! Der Verstand nimmt sich auch gerne frühere Erkenntnisse und wärmt sie bei nächster Gelegenheit auf. Nun „weiß" er es ja schon. Und wir erleben nicht mehr dieselbe Tiefe.

Jedes ehrliche Beantworten der Fragen hat das Potenzial, Trennung aufzuheben und dir deiner im Moment gewahr zu werden. Auf diese Weise ist jede Untersuchung ein kleines Erwachen zur Wirklichkeit. Lass diese Erfahrungen dein ganzes Sein durchdringen.

Übung: Wonach suchst du? Nach Glück, Erfüllung, Friede, Erleuchtung, Liebe, Eins-Sein? Schreibe es auf und wähle ein Thema aus. Notiere, was dir dazu noch fehlt oder was du alles dafür tun müsstest, zum Beispiel:

> *Zu meinem Glück fehlt mir …*
> - *ein lieber Ehemann.*
> - *ein Wohnort mit Seeblick.*

Oder:

> *Um Erleuchtung zu erlangen, …*
> - *muss ich härter an mir arbeiten.*
> - *muss ich viel meditieren.*

Schreibe eine Liste und ergänze sie mit grundlegenden Überzeugungen rund um deine Suche: *Erleuchtung ist nur für eine auserlesene Minderheit* etc.

Benutze das Arbeitsblatt „Untersuche eine Überzeugung".

»Achte genau auf die einzelnen Gedanken, die du benutzt, dich deines Glücks zu berauben.«

Byron Katie

52 Blick hinter die Schleier – Wer bin ich ohne meine Geschichte?

In den vergangenen Wochen und Monaten haben wir manchen Anker gesetzt, innegehalten und unsere Gedanken untersucht. In diesen Tagen halten wir Rückschau, ziehen Bilanz und werfen einen weiteren Blick hinter die Schleier unserer Überzeugungen.

In wie vielen Facetten deines Wesens bist du dir in den vielen Übungen dieses Buches begegnet? Hast du dich in der Rolle des aufopfernden Mitarbeiters, der Lastenträgerin, der perfektionistischen Fachfrau, des permanent Unsicheren, des Opfers gesehen? Konntest du erkennen, wie du in Konflikten funktionierst? Hast du in dir die Identität einer Person entdeckt, deren Verhalten vom Wunsch nach Liebe und Anerkennung gesteuert ist? Warst du erstaunt zu sehen, wie oft du dich in den Angelegenheiten der anderen befindest? Oder konntest du sehen, wie Ungelöstes aus der Vergangenheit, Schuld und Scham deine Gegenwart verdunkeln?

Befreiende Untersuchungen bereiten den Boden für tiefer liegende, schmerzhafte Themen, für die wir nun bereit sind, so dass sie auftauchen und angeschaut werden können. Vielleicht ist auch etwas sichtbar geworden, das dein Leben bisher unbewusst gesteuert hat. Du konntest erkennen, wie dein ganzes Handeln von Geld und der Frage um Kosten beeinflusst wird oder wie du vom Zwang gelenkt bist, alle und alles zu kontrollieren. Und langsam fällt dieses Verhalten von dir ab.

Bist du frecher und freier geworden und kannst mutig und direkt um das bitten, was du willst? Hast du dich von einem automatischen Ja verabschieden können und evaluierst du nun, was für dich stimmt, bevor du eine Antwort gibst? Oder ist etwa dein kategorisches Nein aufgeweicht worden und du entscheidest in jeder Situation neu? Vielleicht hast du dich von der Zwangsjacke einiger oder gar vieler Einengungen befreien können und es fällt dir leichter, einfach authentisch du selbst zu sein.

In jeder ehrlichen Untersuchung fällt etwas Fassade von uns ab, und unsere innere Wahrheit kann zutage treten. Lebst du im Einklang damit und folgst du deinem Herzen und deiner Intuition?

Vor Monaten hast du dieses Buch erstmals zur Hand genommen. Bist du noch dieselbe Person wie damals? Wer bist du jenseits deiner Rollen und Masken, ohne deine Gedanken? Was bleibt von deiner Geschichte unberührt? Lausche in dein Herz, warte. Und wenn du dich wieder in der kleinen, engen Welt der persönlichen Geschichten und Prägungen verloren hast, greife sie auf, durchschreite sie mit THE WORK. Lass sie hinter dir.

Übung:

1. Schenke dir Zeiten, in denen du, wo immer du bist, über die Frage meditierst: *Wer bin ich ohne meine Gedanken, ohne meine Geschichte?* Wie erlebst du den nächsten Schritt, ohne deine Gedanken? Wie bewegst du dich bei der Arbeit, ohne deine Geschichten? Wie bist du mit deinen Nächsten, ohne deine Überzeugungen über sie? Treten dabei Ängste oder Befürchtungen auf, notiere und untersuche sie.

2. Stelle dir vor, du begegnest einigen deiner lieben Freunde im Altersheim wieder. Sie schauen alle glücklich und zufrieden auf ein erfülltes Leben zurück – außer dir. Was hast du in deinem Leben getan oder unterlassen, dass es so gekommen ist? Schreibe eine Liste. Wenn du sie beendet hast, kannst du den Perlenschatz dieser letzten Übung heben, indem du ins Nachwort tauchst.

> »Im Begreifen dessen, was du bist,
> verwandelt sich das, was du bist.«
>
> Jiddu Krishnamurti

Nachwort

Freust du dich, die Muscheln zu öffnen?

Nimm deine Liste aus Kapitel 52. Da steht vielleicht:

Ich habe mir zu wenig Zeit geschenkt, meine Beziehungen zu pflegen.

Ich habe mich mit Arbeit zugedeckt, mich verplant.

Ich bin selten in die Berge wandern gegangen.

Ich bin strategischen Ideen statt meinem Herzen gefolgt.

Du findest die Perlen, indem du die Liste wie folgt liest: *Alle sind am Ende ihres Lebens zufrieden. Auch ich, weil …* Und nun kehrst du deine Sätze ins Gegenteil um:

Ich habe mir genug Zeit geschenkt, meine Beziehungen zu pflegen.

Ich habe mich von Arbeit freigeschaufelt, mich nicht verplant.

Ich bin oft in die Berge wandern gegangen.

Ich bin keinen strategischen Ideen, sondern meinem Herzen gefolgt.

Es ist mir eine Freude, hier diese letzten kostbaren Perlen dieses Buches mit dir zu teilen. Von Herzen wünsche ich dir ein erfülltes Leben mit vielen klärenden und befreienden Untersuchungen.

Colette Grünbaum, **www.gruenbaum.ch**

Quellen

Fotos

Claudia Peyer, Winterthur

Die Kunst, es anders zu sehen

Claudia Peyer lebt und arbeitet in der Schweiz. Seit 1999 taucht und fotografiert sie vorwiegend in den Gewässern Südostasiens. Die Aufnahmen zeigen Farben und Formen der Meeresbewohner, wie sie sonst nicht wahrgenommen werden können. Abstrakte Strukturen und mikroskopische Details werden zu wundersamen und berührenden Bildern. Die Fotografien zeigen Korallen und andere Lebewesen von ihrer schönsten Seite. Sie sollen das Auge des Betrachters erfreuen und gleichzeitig auch Botschafter für eine wunderschöne, aber doch so bedrohte Welt darstellen: die tropischen Korallenriffe.

www.reefart.ch und **www.fotomeer.ch**

Blick nach oben. Raja Ampat (Ost Indonesien). An einer Gitterkonstruktion hängen Muscheln in Körben. Darin wachsen die Perlen.

Buddha. Versenkte Buddhastatue, bewachsen mit Algen und Korallen. Pemuteran, Bali, Indonesien

Sequenz 1 Blick ins Zentrum einer Pilzkoralle. Nordostbali, Indonesien

Sequenz 2 Supermakroaufnahme eines Federröhrenwurms (ø 2 cm). Nordostbali, Indonesien

Sequenz 3 Weintraubenkoralle. Raja Ampat, Ostindonesien

Sequenz 4 Ausschnitt einer Steinkoralle. Pulau Pef, Raja Ampat, Ostindonesien

Sequenz 5 Detail eines Federsterns (Kringeldurchmesser 1,5 cm). Manado, Sulawesi, Indonesien

Sequenz 6 Polypen eines Seefächers (ø eines Polypen: 8 mm). Raja Ampat, Ostindonesien

Sequenz 7 Supermakroaufnahme einer Krönchenkoralle. Phi Phi Island, Thailand

Sequenz 8 Supermakroaufnahme eines Weihnachtsbaumröhrenwurms (Höhe: 1,5 cm). Makogai Island, Fiji

Sequenz 9 Makroaufnahme einer Blasenanemone. Batu Tiga, Nordsulawesi, Indonesien

Sequenz 10 Extreme Supermakroaufnahme der Außenhaut einer Anemone (Originalgröße des Ausschnittes ca. 1 cm). Phi Phi Island, Thailand

Sequenz 11 Detailaufnahme eines Medusenhauptes (Nachtaufnahme). Nordostbali, Indonesien

Sequenz 12 Zentrum eines Diademseeigels. Phi Phi Island, Thailand

Sequenz 13 Makroaufnahme einer Kelchkoralle bei Nacht. Gangga Island, Nordsulawesi, Indonesien

Zitate

Byron Katie, Michael Katz: *Ich brauche deine Liebe – ist das wahr? Liebe finden, ohne danach zu suchen*, Goldmann Verlag, 2012

Byron Katie, Stephen Mitchell: *Eintausend Namen für Freude. Leben in Harmonie mit dem Tao*, Goldmann Verlag, 2012

Byron Katie, Stephen Mitchell: *Lieben was ist. Wie vier Fragen Ihr Leben verändern können*, Goldmann Verlag, 2002 (19. Aufl.)

Byron Katie: *Lieben was ist. Meditationskarten*, Palaysia Verlag, 2015
www.kehresum.de

Laotse: Tao Te King Übersetzung Stephen Mitchell, Goldmann Arkana

Gerhard Uhlenbruck: Wortmeldungen, Universitätsverlag Brockmeyer (Sucht)

Jiddu Krishnamurti: Das Wesentliche ist einfach, Herder Verlag

Dambisa Moyo: Daed Aid. Warum Entwicklungshilfe nicht funktioniert und was Afrika besser machen kann. Haffmans & Tolkemit

Zur Autorin

Colette Grünbaum

Zuerst wollte ich Schriftstellerin werden, doch schon in der Pubertät erwachte mein Interesse an Psychologie und Spiritualität. Stationen meiner Ausbildung waren: Publizistikstudium, Ausbildung zur Atemtherapeutin, zur Systemisch Integrativen Familientherapeutin, zur zertifizierten Begleiterin für THE WORK (ITW) und zum Coach in Radikaler Vergebung.

In den 90er Jahren, mit zwei kleinen Kindern, arbeitete ich als freischaffende Journalistin und Atemtherapeutin und war stets auf der Suche nach Strategien zur Lösung innerer Konflikte. 1994 fand ich meine Traumstelle als Redaktorin in der Zeitschrift Spuren im Bereich Psychologie, Therapie und Spiritualität.

Als mir 1999 THE WORK begegnete, kam ich zum Ende meiner Suche. Unter all den Therapieformen und spirituellen Wegen, die ich durch meinen Beruf kannte, half mir diese Fragetechnik aus meiner Ehe- und Lebenskrise.

Seit dem Jahr 2000 arbeite ich in eigener Praxis und vermittle vor allem THE WORK in Einzelarbeit, in Kursen und in Ausbildungen. Was mich an THE WORK sowie an der Vergebungsarbeit fasziniert: Mit beiden Methoden können wir die Widrigkeiten im Alltag nutzen, um mehr Lebensqualität zu finden. Vermehrt verwende ich jedoch auch die Methode der dyadischen Begegnung (siehe Enlightenment Intensive) um Antworten aus der Tiefe unseres Wesens hervorzulocken und uns mit unserem innersten Kern zu verbinden.

Inzwischen sind die Kinder erwachsen. Wünsche sind in Erfüllung gegangen. Ich lebe wieder in einer Partnerschaft, liebe meine Arbeit und genieße gerne ausgiebige Wanderungen in der Natur, speziell in den Bergen.

Colette Grünbaum, Winterthur, CH   **www.gruenbaum.ch**

DVDs zu THE WORK mit Byron Katie

Ärger und Eifersucht

DVD, 62 Min. + Extras
Sprache: deutsch
(voice over) + engl.
Originalfassung
ISBN 978-3-89901-323-8

Byron Katie im Dialog mit zwei Frauen: die eine ist ärgerlich, die andere leidet unter Eifersucht. Am Ende steht die Befreiung von der Last der eigenen Glaubensüberzeugungen und Versöhnung.

Verlust eines geliebten Menschen

DVD, 80 Min. + Extras
Sprache: deutsch
(voice Over) + engl.
Originalfassung
ISBN 978-3-89901-269-9

Byron Katie lehrt auf berührende Weise, welch einfache Wahrheit in schmerzlichen Verlusten verborgen liegt.

Kehr es um!

DVD, 60 Min. + Extras
Sprache: deutsch
(voice over) + engl.
Originalfassung
ISBN 978-3-89901-383-2

Auf dieser DVD begleitet Katie Menschen mit *The Work*. Mit ihrem Humor und ihrer liebevollen, scharfen Klarheit zeigt sie jedem, wie dramatisch *The Work* mit vier einfachen Fragen unser Leben verwandeln kann.

Wahrhaftigkeit in Beziehungen

DVD, 60 Min. + Extras
Sprache: deutsch
(voice over) + engl.
Originalfassung
ISBN 978-3-89901-593-5

Am Beispiel dreier Frauen zeigt Byron Katie auf dieser DVD wie mit *The Work* Vorstellungen von Liebe und Untreue hinterfragt und verändert werden können.

jkamphausen

kamphausen.media

Das wirkungsvolle Selbsterkenntnis-System

384 Seiten. ISBN 978-3-442-33650-0
Auch als Hörbuch und E-Book erhältlich.

Byron Katie entwickelte ein ebenso einfaches wie wirkungsvolles Selbsterkenntnis-System. Mit seiner Hilfe gelingt es dem Einzelnen, seinen Schatten zu integrieren, bewusst Verantwortung für die eigenen Probleme zu übernehmen und sie zu lösen.

arkana